La Trilogía de Fe Agnóstica
La Trilogía Agnóstica de la Fe
A Loveforce Trilogia, Tres Libros de Papel:
Encontrar a Dios sin religión,
las mejores citas espirituales,
Encontrar a Dios en un mundo caótico
Por el Profeta de la Vida

Las escrituras originales en este libro son una traducción derivada de la escritura original que tiene la siguiente fecha de copyright: All Contents Copyright 1979, 1980, 1981, 1986, 1987, 1990, 1991, 1993, 1994, 1995, 1996, 1997 , 2006, 2007, 2009, 2010, 2011, 2012, 2013, 2014, 2015, 2016, 2017, 2018, Loveforce International Publishing Company. Todos los derechos reservados.

Prefacio

Estamos orgullosos de ofrecer a nuestros lectores esta Agnostic Faith Trilogy en forma de libro de bolsillo. Este volumen único combina tres excelentes libros de El profeta de la vida, una de las voces más poderosas y profundas de la fe en la Nueva Era. En Encontrar a Dios sin religión, él proporciona un camino agnóstico a Dios. En Encontrando a Dios en un mundo caótico, él le muestra cómo encontrar y reconocer a Dios, cómo se comunica con usted y cómo acercarse a Dios. En Citas Espiritual, él te proporciona más alimentos para el pensamiento y la contemplación con citas espirituales que te iluminarán y te ayudarán en tu viaje. Esperamos que nuestros lectores encuentren la iluminación y la alegría en las páginas de este volumen. Si conoce algún lector de habla hispana que esté interesado en los temas de este libro, también vendemos una versión en español de este libro de bolsillo.
Sinceramente,
Evan Loveforce
Coordinador,
Loveforce International Publishing Company

El Libro 1
Encontrar a Dios sin religión. Un camino agnóstico a Dios

Tú y tu camino a Dios, en la Vida y Más Allá

Revelaciones del libro 2 de 2012: tú y tu camino hacia Dios: en la vida y más allá
- Tú y tu camino
- Lo que te define
- Cumpliendo tú Destino
- Lecciones de la Vida
- Tu Percepción Determina tu Realidad
- ADN espiritual
- La Naturaleza del Sufrimiento y el Sacrificio
- El verdadero Significado del Fracaso
- La Naturaleza de la Adicción
- Encontrar tus Cualidades
- El Camino al Cielo
- El Bello Arte de Morir
- Qué Pasa Cuando Mueres
- Salmos
- Más Allá de tu Percepción
- Ser amado
- No Hay Tiempo para Llorar
- Nacido para Ganar
- El Don
- Todos Hacen la Diferencia

- Cuando el Espíritu me Mueve

Todo el contenido escrito por El Profeta de la Vida. Copyright 2010, 2011, 2012, 2013, 2014, 2015, 2018 Fuerza Internacional del Amor Publishing Company. Todos los derechos reservados.

Prefacio

Una persona espiritual puede encontrar a Dios tan fácilmente como una persona religiosa. Un agnóstico puede encontrar a Dios con la misma facilidad que una persona religiosa. No es necesario ser religioso para encontrar a Dios porque la religión no es Dios, es la interpretación de Dios por parte del hombre. En realidad, Dios se comunica con todos, incluyéndote a ti, es solo que muchas personas no lo saben o no saben "cómo" se comunica Dios con ellos, por lo que no creen que sea Dios quien se comunica.

Muchas personas se unen a una religión porque necesitan la estructura o porque quieren ser "salvadas". Muchas religiones te dicen que tienen un camino exclusivo hacia Dios. Esto no es verdad. Las religiones a menudo se fundan, se basan en las enseñanzas de un profeta particular. Dios revela información a la humanidad en incrementos durante largos períodos de tiempo que se corresponden con el desarrollo de la humanidad. La humanidad obtiene lo que necesita y aprendemos un poco más cada vez.

No hay nada malo con las personas que se unen a una iglesia o una religión, pero recuerde que la iglesia y la religión no son Dios. Si quieres encontrar a Dios dentro de ti. Mire su vida y descubra cuándo Dios se ha estado comunicando con usted. Averigüe cuáles fueron los mensajes de Dios y puede rastrear el camino de sus éxitos y fracasos en la vida, dependiendo de si siguió esos mensajes o no.
--- El Profeta de la Vida

1 Tú y tu camino

"Todos estamos en viajes separados a través de nuestra experiencia de vida. No importa cuál sea nuestra fe o creencias, tomamos este viaje como individuos".

Bienvenido a tu vida tu vida es un viaje. En tu viaje encontrarás alegría, dolor, buenos y malos momentos. Cosas maravillosas te sucederán. Cosas horribles te sucederán. Apreciarás a los que amas. Perderás a los que amas. Incluso puede perderse por un tiempo.

En el tiempo que estés aquí, en el tiempo que estés tomando este viaje, te enfrentarás a muchas opciones. Algunos lo harás sabiamente, otros lo harás tontamente. Otros serán hechos para usted, por otros, por casualidad y por fuerzas invisibles. Esta es una parte normal de tu experiencia aquí. Todos los que viven deben pasar por experiencias positivas y negativas. Todas las personas tienen control sobre algunas experiencias. Todas las personas no tienen control sobre otras experiencias. No siempre puedes controlar lo que te sucede, pero puedes controlar cómo reaccionas ante él, cómo te afecta y qué aprendes de él.

En su viaje, se le presentarán diferentes caminos que puede tomar. Cada ruta lo llevará a un destino diferente. Se te darán oportunidades para cambiar el camino en el que te encuentras. Se te darán advertencias. Siempre puedes hacer ajustes y cambiar el rumbo. Donde termines será determinado por tu capacidad de escuchar, prestar atención y reaccionar correctamente a las advertencias que recibe y las decisiones que toma. Lo que resta de su viaje dependerá de su capacidad de aprender de sus errores y de convertirse en un ser espiritualmente equilibrado.

2 Qué te define

"Lo que la sociedad te dice que te define no es lo que te define".

Todos debemos trabajar para ganar nuestro pan de cada día. La persona promedio tiene un trabajo promedio ya sea fabricando algo, o reparando algo o alguien. Las personas más ricas no tienen que trabajar, y otras no, pero muchas lo hacen. O bien tienen una corporación o un legado que son responsables de mantener. Aquellos con mucho dinero pueden elegir cómo pasan su tiempo y también a veces eligen el tipo de trabajo que desean hacer.

Las personas sin hogar y que viven en la calle también trabajan. Deben hacer algo para recaudar el dinero necesario para su sustento. A menudo ruegan. La mendicidad es el trabajo más difícil de todos porque un mendigo es totalmente dependiente de los caprichos de los demás. El trabajo es importante pero el trabajo no es lo que eres. Es solo un medio para un fin. Algunos disfrutan su trabajo, otros son consumidos por él. Sin embargo, trabajar no te define.

Todos debemos vivir en algún lugar. Muchos viven donde mejor pueden permitirse. Algunos viven en barrios de lujo, en casas grandes. Otros viven en una choza de cartón. Todos encuentran la mejor ubicación para vivir y criar a sus hijos. Donde vives no te define.

Todos debemos comer y beber. La gente come y bebe lo que está disponible para ellos según su ubicación y presupuesto. La gente compra la mejor comida que puede con el dinero que tiene que gastar. Algunos comen alimentos procesados. Otros tienen una dieta completamente natural. Las cosas que están fácilmente disponibles en algunas partes del mundo no están disponibles en otras partes. Tú debes comer. Lo que comes puede afectar tu salud, pero lo que comes no te define.

Todos aprendemos. Aprendemos en la escuela, en el hogar y en las calles de nuestros vecindarios. Aprendemos de la información que recibimos de una variedad de diferentes fuentes. Aprendemos de nuestras experiencias de vida. Algunos tienen educación universitaria. Otros aprenden solo de la experiencia. Todos aprendemos, pero lo que aprendes y dónde lo aprendes no te define.

Estas cuatro cosas, su trabajo, su residencia, su comida y su educación son los pilares de la supervivencia. Lo que comemos, dónde vivimos, cómo trabajamos y dónde y qué aprendemos no son los pilares de la vida. Los bloques de construcción de la vida consisten en lo que crees y lo que haces.

Lo que crees te define porque las personas están gobernadas por sus sistemas de creencias. Lo que creas puede influenciar lo que haces. En qué crees y cómo crees que te define. Las cosas que haces y el espíritu con el que lo haces te definen. Lo que crees y las acciones que tomas sobre esas creencias son:

3 Cumpliendo tu destino

"Cada ser tiene un destino. ¿Estás cumpliendo el tuyo?

Todo ser humano nace con un destino. Al nacer, Dios susurra la misma frase a cada persona "El mundo es un lugar mejor porque naciste". La frase es una profecía. Es una profecía que proclama parte de tu destino. Es una profecía que se le encarga cumplir durante su vida.

Parte de la misión de su vida es descubrir cómo su vida puede cumplir esta profecía. Hay muchas formas en que puedes cumplir esta profecía. Puede cumplirlo a través de una vida de servicio a los demás. Puede cumplirlo descubriendo, creando o inventando algo que beneficia al mundo. Puedes cumplirlo salvando la vida de otro ser vivo.

Puedes cumplir esta parte de tu destino a través del servicio a los demás. Muchas profesiones, desde médicos hasta bomberos, maestros y recolectores de basura pueden ayudar a cumplir la profecía de Dios. La mayoría de las personas puede entender cómo los doctores, los bomberos y los maestros están incluidos en la lista porque se considera que los médicos y los bomberos salvan vidas. Se considera que los maestros salvan el futuro educando a los niños. Mucho menos pueden entender cómo un trabajador de basura puede ser incluido en la lista. Los recolectores de basura ayudan a disminuir los efectos de la enfermedad. Muchos trabajadores de la basura se enferman por las enfermedades que se adhieren a los desechos de las personas enfermas. Al hacerlo, contraen una enfermedad que muchos otros podrían haber contraído si la basura se dejara al descubierto en un lugar público.

    Puedes cumplir esta parte de tu destino descubriendo, inventando o creando algo que beneficie a la humanidad. Puedes descubrir la cura para una enfermedad. Puedes inventar una máquina que ayude a limpiar el medioambiente. Puedes crear una pintura o una escultura, un poema, un rap, una pieza de música o una canción que eleve el espíritu de las personas o les haga pensar en las grandes cuestiones de la vida. Cualquiera de estos tipos de actividades puede hacer que el mundo sea un lugar mejor, un alma a la vez.

Puedes cumplir esta parte de tu destino salvando la vida de otro ser. Salvar la vida de una persona podría permitirle a esa persona completar su cumplimiento de esta parte de su destino. Salvar la vida de otro ser, una planta o un animal, por ejemplo, es realizar una actividad que crea un efecto directo para el ser que está salvando y las generaciones futuras de los descendientes de ese ser viviente.

La mayoría de las personas no son artistas o escritores. No pueden crear una obra maestra artística o literaria. No son doctores, ni maestros. Viven vidas ordinarias trabajando trabajos mundanos por menos dinero de lo que creen que valen. Pueden salvar una vida, si no la vida de una persona, luego la vida de una planta o un animal. Pueden ofrecerse como voluntarios para ayudar en un hospital o un orfanato. Pueden ayudar a un extraño necesitado, pueden unirse a grupos como Agentes para cambiar la Humanidad para obtener ideas sobre lo que pueden hacer.

La pregunta es clara. ¿Será el mundo un lugar mejor porque naciste? La respuesta puede ser confusa porque en la mayoría de los casos, las palabras por sí solas no la satisfarán. Solo sus acciones crearán una respuesta a la pregunta. ¿Qué acciones estás tomando? ¿Cómo está respondiendo la pregunta la historia de tu vida?

4 lecciones de vida

"La vida es una serie interminable de lecciones".

El Señor nos dice mucho a cada uno de nosotros. La mayoría de nosotros nunca escuchamos. Muchas veces en nuestras vidas nos dan la oportunidad de aprender lecciones de vida. A veces se nos presentan como cosas que se nos dicen, que vemos o que nos pasan. Estamos destinados a aprender de ellos. Las lecciones de vida, sin embargo, van más allá de nuestra propia experiencia. También debemos aprender de las experiencias de los demás. A menudo vemos personas, algunas que conocemos, otras que no conocemos, que cometemos errores. Estamos destinados a aprender de sus errores también.

Alguien que conozcas podría decir o hacer algo que tenga consecuencias nefastas para ellos. A veces, el evento que les sucede es el crescendo de una serie de malas decisiones y actos estúpidos e impulsivos. Otras veces, es el resultado de una decisión o acto catastróficamente malo. El niño que toca la estufa caliente y se quema la mano, el adolescente que golpea a otro y termina en la cárcel o el adulto que conduce ebrio y atropella a alguien deberían aprender una lección ellos mismos, pero también deberían hacerlo quienes los rodean. En el gran esquema de las cosas, a veces las personas que sufren consecuencias nefastas sirven como ejemplo y / o advertencia para los demás. Aquellos que no aprenden de los errores de los demás pueden estar obligados a repetirlos. Aquellos que aprenden de los errores de los demás pueden ser salvados de las consecuencias que les suceden a los demás.

Como se supone que cada persona debe aprender de sus errores, también lo son las comunidades de personas. Si estas comunidades son barrios, ciudades o naciones, deben aprender de sus errores y los de los demás. Los errores de nosotros mismos y otros han sido transmitidos por milenios en forma de historias orales y escritas. Existe una correlación directa entre los errores cometidos por las comunidades (muchas de ellas ahora extintas) en el pasado y lo que las comunidades en el presente y el futuro hacen. Conocer la historia de su propia gente y la de otras personas puede ampliar los horizontes de su comunidad y brindar más posibilidades para resolver problemas. Hay muchos pueblos en este mundo, pero en realidad no hay más que una raza, la raza humana. Los humanos debemos aprender de los errores de la raza humana y no limitarnos a estudiar las pruebas y tribulaciones de un segmento de la misma.

    Así que estudia. Estudie personas y eventos en su vida diaria. Estudie eventos en las noticias locales, nacionales e internacionales. Estudia las historias de varias culturas. Las lecciones están ahí para que aprendas. Mientras más amplia sea tu educación, más bien-redondeado su conocimiento y experiencia es. Cuanto más amplia sea tu educación, cuanto más enriquecida esté el Alma, más volverás al Señor.

5 Tu percepción determina tu realidad

"Cambia tu percepción y puedes cambiar tu realidad".

Dos familias diferentes perdieron sus hogares. Ambos se redujeron y se mudaron a un departamento. Ambas familias tienen un sostén de la familia. La percepción de cada uno de estos dos proveedores de ingresos tuvo un profundo efecto en los resultados de estas dos familias.

El sostén de la familia primero culpó a otros por su situación. Refunfuñó y se quejó de su desgracia a cualquiera que quisiera escuchar. En poco tiempo, las personas que eran sus amigos caminaron hacia otro lado cuando lo vieron porque estaban cansados de escuchar sus quejas. Se volvió amargo y vio pocas esperanzas de una mejora en el futuro. Le dolió profundamente que no pudiera proporcionar los pequeños extras para su familia que ayudaron a hacer la vida más llevadera. Se arrastraba a trabajar todos los días, resentido porque había sido ignorado repetidas veces por la promoción que elevaría su fortuna desde el atolladero en el que vivía y podría haber evitado que perdiera su casa en primer lugar. Su naturaleza gruñona y resentida afectaba su desempeño en el trabajo. En unos meses lo dejaron ir de su trabajo. Poco después, se enfrentaba a la posibilidad real de quedarse sin hogar. No veía ninguna esperanza de mejora en el futuro. Temía la idea de estar sin hogar. Se sintió como un fracaso total. El día después de la notificación de desalojo, se suicidó. Su esposa y sus dos hijos tuvieron que enfrentar la falta de vivienda sin él.

El sostén de la familia fue inicialmente devastado por la pérdida y sus amigos también saben lo que le sucedió. Sin embargo, no insistió en ello y consideró la pérdida como una oportunidad para aprender de los errores que cometió para no volver a cometerlos. Buscó algo para estar feliz todos los días. A menudo encontraba al menos una cosa para ser feliz por cada día que lo hacía ver las cosas buenas de su vida. Esto lo hizo agradecido por las bendiciones que tuvo en su vida. Cuando fue a trabajar, era su yo positivo habitual. Algunas de las personas en su trabajo sabían por lo que habían pasado y su capacidad para mantenerse positivos a pesar de sus circunstancias los hizo simpatizar con él. Cuando surgió la oportunidad de un ascenso, su jefe se dio cuenta de que había pasado por un momento difícil y no había afectado su excelente desempeño. Le dieron la promoción. Fue frugal con el dinero extra que ganó y ahorró una buena cantidad para poder pagar un buen anticipo en otra casa. En un par de años, él y su familia compraron otra casa.

    ¿Por qué un sostén de la familia encontró el éxito y el otro pereció? En pocas palabras, fue su percepción. Mientras que un sostén de la familia culpaba a los demás por sus desgracias y veía las cosas a través de una luz completamente negativa, el otro buscaba la lección en su desgracia. Aprendieron de la lección y la siguieron siguiendo el conocimiento adquirido de la experiencia con las acciones apropiadas.

La vida es una serie de experiencias de aprendizaje. Las altas, las bajas, los triunfos y las tragedias están destinados a enseñar lecciones a través de las experiencias que producen junto con las posibles lecciones que están disponibles para quienes las buscan. ¿Con qué frecuencia han derribado a los poderosos? Algunos son derrotados para siempre, otros son derribados solo para surgir nuevamente más fuertes que antes.

¿Con qué frecuencia han surgido los mayores triunfos de las cenizas de las mayores tragedias? Los mayores triunfos son aquellos que son los más difíciles de conquistar. Muchas veces demuestran la verdadera fuerza del espíritu humano. Ellos también pueden ser los mejores maestros.

Dado que las personas viven sus vidas como miembros de la comunidad humana, ni siquiera tiene que pasar por las tragedias usted mismo. Hay muchas oportunidades para aprender de las experiencias de los demás, ya sea que lea sobre ellos, los vea en TV o en una película o sea testigo de un evento usted mismo.

Aunque las lecciones nos rodean, muchas personas no se dan cuenta de que hay una lección que aprender. Esto se debe a que no están buscando lecciones fuera de un aula formal en una institución de aprendizaje. No se dan cuenta de que la vida es un salón de clases y que todo lo que les sucede a ustedes, a todos los que conocen y a todos los que ven o escuchan es una posible lección.

Mucha gente se pasa la vida persiguiendo sueños de fama o fortuna. Invierten su tiempo y su dinero para perfeccionar una habilidad o talento que creen que los ayudará a alcanzar su objetivo. Algunos de ellos incluso logran su objetivo, pero a menos que hayan aprendido las lecciones que sus experiencias de vida tenían la intención de enseñarles, no logran la felicidad y la satisfacción que conlleva encontrar su verdadera vocación. No pueden conservar la fama ni el dinero porque no han desarrollado las habilidades necesarias para sobrevivir a las tormentas de la vida.

Las personas verdaderamente ricas en la vida son aquellas que aprenden las lecciones que sus experiencias de vida deben enseñarles. Muchos de ellos tienen éxito en cualquier esfuerzo que realicen porque aprenden de sus errores y crecen más allá de ellos. Si pierden todo, tienen la base para capear la tormenta y la fe para creer que el éxito volverá. También tienen el conocimiento para armar un plan para surgir de las cenizas y la gratitud de ser feliz con todo lo que tienen les ayuda a sostenerlos a través del sacrificio necesario para poner su plan en acción.

6 ADN espiritual

"Así como tu cuerpo tiene un ADN físico, tu Alma tiene un ADN espiritual".

   Además de su ADN físico, todos los seres vivos tienen un ADN espiritual. El ADN espiritual es lo que conecta su alma de una encarnación a la siguiente. Además, conecta todas las encarnaciones de la misma alma entre sí. El ADN espiritual puede permitir que los seres vivos se conecten con cosas buenas y cosas malas de encarnaciones anteriores.
   Las cosas buenas de encarnaciones anteriores pueden incluir talentos (como tocar un instrumento musical) o inclinaciones (como saber o aprender un idioma extranjero con una facilidad inusual). Aquellos que son creativos también pueden "recoger" cosas de existencias anteriores. Así como las personas tienen memoria motriz, tienen memoria espiritual. Algunas personas creativas pueden estar llamando a cosas recogidas de encarnaciones pasadas, ya sea que ellas mismas se hayan creado o experimentado. Hay muchas cosas creadas por las civilizaciones pasadas que históricamente se nos han perdido, pero no espiritualmente.
   Las cosas malas con las que las personas pueden conectarse pueden incluir fobias, traumas y déjà vu negativo. Las fobias pueden

incluir cosas como miedo al agua (ahogamiento) y alturas (caídas). Los traumas pueden incluir reacciones inexplicablemente severas a cosas como accidentes menores de vehículos o reacciones extremadamente adversa a medicamentos o menores, enfermedades. El déjà vu negativo puede ocurrir cuando uno tiene reservas inusuales sobre ingresar a un lugar o interactuar con una persona o grupo de personas específico.

El ADN físico permite que los rasgos de un miembro de la familia pasen a otro miembro de la familia nacido más tarde. El ADN espiritual funciona de manera similar, pero el ADN espiritual y el ADN físico no funcionan juntos. Un alma que reencarna a veces reencarna en la misma familia, pero no siempre.

Las características del ADN espiritual son mucho menos pronunciadas y, a menudo, mucho más difíciles de expresar. De esta manera, un gran jugador de béisbol, que muere poco después del nacimiento de su hijo, puede transmitir ciertas características físicas a ese hijo, pero a menudo no puede transmitir las facetas experienciales que contribuyen a su éxito porque no reencarnó como su hijo.

No todas las almas han elegido reencarnar, algunas no han elegido tener una encarnación en absoluto. Todas las almas han existido desde el comienzo de los tiempos, pero no todas han encarnado desde el principio de los tiempos. Lo que cada alma ha aprendido de cada encarnación se extrae y enriquece lo que es Dios. Lo que se aprende no se refiere a talentos o lo que se aprende leyendo y estudiando, se refiere a lo que cada alma ha aprendido sobre la vida, la humanidad y el estado de las diversas especies encontradas en su encarnación. Sin embargo, hay un residuo espiritual que permanece y que enriquece el ADN espiritual de cada Alma. Es esa información residual que las personas pueden y muchas hacen, de vez en cuando aprovechan.

Algunos seres, como los Profetas, por ejemplo, están vinculados a través de diferentes, almas a través del ADN espiritual. Dichos seres tienen conciencia de las encarnaciones de los demás y se encuentran entre ellos durante sus encarnaciones individuales. Pueden recurrir entre sí para obtener fortaleza y orientación durante su vida individual encarnaciones influyen y se ayudan entre sí cuando no están en un estado de encarnación.

Los profetas difieren de otros seres en que el Dios Gene en su ADN espiritual les permite el acceso directo a la comunicación directa de

El Señor. Esto es para ayudarlos en su misión. Esto es necesario porque en toda la miríada de generaciones que han existido, muy pocos Profetas están encarnados. El Señor se comunica con la humanidad en incrementos durante largos períodos de tiempo. Los profetas necesitan ayuda adicional para difundir el mensaje y sustentarlo a lo largo del tiempo. Los profetas no son mejores que otras personas. Ellos son simplemente diferentes. Si bien todos los seres tienen un propósito y misión únicos para ellos, los profetas tienen la misión de informar a la humanidad. Han elegido encarnar únicamente para este propósito. Pueden tener otras cosas que hacen en sus encarnaciones, pero informar a la humanidad es su enfoque.

Así como la Ciencia comenzó a desentrañar los misterios del ADN físico hace siglos, la ciencia ahora puede comenzar a desentrañar los misterios del ADN espiritual. La ciencia no estudia las cosas hasta que se cree que existen. Hasta que el Señor reveló la existencia del ADN espiritual (entre otras cosas) en este volumen, no era conocido por la humanidad. Ahora que se sabe, se puede profundizar. Comenzará con discusiones sobre si existe ADN espiritual o no. Se convertirá en hipótesis y teorías sobre él y luego en el diseño de experimentos para probar o refutar su existencia y, finalmente, evolucionar hasta desentrañar sus misterios hasta que el ADN espiritual se comprenda como el ADN físico en la actualidad.

7 La naturaleza del sufrimiento y el sacrificio

"El sufrimiento y el sacrificio pueden enseñar lecciones que pueden conducir a la iluminación".

El sufrimiento es un estado del ser que se acentúa por el estado emocional del ser y / o el ego. La vida presentará muchas oportunidades para el sufrimiento, pero el sufrimiento es tan malo como usted lo permita. El sufrimiento puede ser minimizado o intensificado por la manera en que reaccionas.

    El sufrimiento es parte de la vida. Está destinado a construir el personaje. En estos tiempos, a menudo crea amargura, resentimiento y odio. El sufrimiento puede ser tu mejor maestro si sabes cómo aprender de él. Es a través del sufrimiento que aprendes lo que no te gusta y tienes la oportunidad de hacer los cambios que eliminarán el sufrimiento. Escucha tu sufrimiento, analiza cuál es su causa y trabaja para corregir la causa.

    El sufrimiento es también un estado mental. El dolor puede ser muy real, pero hay dos tipos de dolor, físico y mental / emocional. La mente y el espíritu pueden minimizarlos y, en ocasiones, eliminarlos a ambos. Los anales de la historia están llenos de aquellos que han entrado en un estado de trance y han sido capaces de superar el dolor físico. El dolor mental y emocional también se puede superar. La vida está llena de reveses, desastres y accidentes. Muchos tienen una cierta tendencia a revolcarse en la autocompasión.

Esto solo alarga el tiempo y el efecto del sufrimiento. Enfocarse en posibles soluciones en lugar de centrarse en llorar sobre el problema puede ayudar a minimizar el sufrimiento.

En el gran esquema de las cosas, el sufrimiento está destinado a dar una lección. Si la lección es para un individuo, un grupo, una cultura, una nación o un planeta depende del sufrimiento. La naturaleza del sufrimiento es que continuará hasta que se aprenda la lección. Algunas veces se requiere mucha repetición hasta que se aprenda la lección. Tanto las buenas como las malas personas cosechan los beneficios de la luz del sol. Tanto la gente buena como la mala reciben lluvia para sus cultivos. El caos y el desastre afectan tanto a los buenos como a los malos. La diferencia después de la tragedia es la lección aprendida o no aprendida. La naturaleza del sufrimiento es que continuará hasta que se aprenda la lección. Esto es cierto para un individuo, una comunidad, una nación o un planeta.

El sacrificio es negarse a sí mismo algo con el propósito de avanzar hacia un resultado o meta planificada. Esto puede funcionar para un objetivo individual (como expiación o iluminación espiritual), un objetivo familiar (ahorrar dinero para la universidad de su hijo, dejar de fumar para que pueda vivir lo suficiente para ver a su hijo ir a la universidad) o un objetivo comunitario (como reducir sobre la contaminación a través del reciclaje).

El sacrificio también está destinado a construir el carácter. También enseña lecciones. Más allá de esto, el sacrificio ayuda a alcanzar los objetivos. Tiene un producto final que es tangible. Ir sin algo o con menos de algo un día, podría significar que estará disponible otro día. Esto habla directamente hacia la conservación de recursos, ya sean recursos del individuo o del planeta.

Si bien raramente existe la necesidad de sufrir (aparte de la catarsis, la construcción de carácter o la enseñanza de una lección), y el sufrimiento puede ser minimizado por las perspectivas personales, a menudo hay una necesidad de sacrificio. Las personas que despilfarran lo que tienen en un corto período de tiempo o que actúan como glotones, acaparamiento y aprovechamiento de los recursos a menudo terminan sin recursos o sin amigos, o ambos. La vida es un largo recorrido. Se necesita sacrificio para llegar a la línea de meta.

Las personas que no sacrifican a menudo se vuelven egoístas. Las comunidades que no sacrifican a menudo se encuentran sin recursos. Las sociedades que no sacrifican, rara vez logran algo digno de mención.

8 El verdadero significado del fracaso

"El éxito a menudo llega en los faldones del fracaso".

¿Alguna vez has fallado en algo? Por supuesto que tienes si, usted es como la mayoría de las personas, el fracaso es una ocurrencia común. No porque todos sean fracasados completamente, sino porque el fracaso es parte del proceso de aprendizaje. Si eres como yo, probablemente fracasas en la mayoría de las cosas nuevas que intentas. Si sigues intentando sin embargo, te mejores.

¿Sabes cómo caminar? ¿Puedes hablar? Estas son cosas que aprendiste de bebé. Cuando eras un bebé, das los primeros pasos y caes y vuelves a caer pero sigues intentándolo. Probablemente tenías curiosidad sobre este nuevo modo de transporte que usaban tu mamá y tu papá.

¿Qué hubiera pasado si dejaras de caminar? ¿Te imaginas cómo sería tu vida si tuvieras que gatear por todas partes? No te rendiste. ¡Sigues intentando y aprendiendo de tus errores y haciendo correcciones y ahora, estás caminando como un campeón!

No puede haber éxito sin fracaso. El éxito es a menudo una cuestión de prueba y error. Lo que los científicos llaman error, el resto de nosotros llamamos fracaso. El fracaso es una oportunidad para aprender. Aprendes lo que no funciona. Puedes creer que todo no funciona, no puedes hacerlo y probablemente nunca lo harás y te rindes o puedes intentarlo de otra manera.

El fracaso puede ser la clave que abre la puerta al éxito. Además de aprender lo que no funciona, el fracaso puede enseñarle qué salió mal y por qué salió mal. Si analiza una falla y rastrea todos los pasos que dio antes, puede ver exactamente dónde salió mal y, una vez que sabe dónde salió mal, a menudo le lleva a saber cómo y por qué se equivocó. Saber dónde, cómo y por qué salió mal puede brindarle información que le permite hacer "Correcciones, correcciones que llevarán a ajustes que con el tiempo llevarán al éxito". La información producida por el fracaso puede ser la clave que abre la puerta al éxito.

9 La naturaleza de la Adicción

"Las adicciones pueden presentarse como su camino, pero en realidad son desvíos peligrosos".

Pasamos una parte de nuestras vidas apoyados en muletas. Las muletas son cosas en las que nos apoyamos. Pueden manifestarse como adicciones. Las personas pueden ser adictas a sustancias como las drogas o el alcohol. Pueden ser adictos a diversiones como juegos de azar, pornografía, sexo, deportes o actividades físicas.

Para algunos, las adicciones pueden ser el punto focal de sus vidas, la cosa en torno a la cual se centra la mayor parte de su existencia. Para otros, es simplemente una distracción de tiempo parcial la que pueden mantener a raya la mayor parte del tiempo. Muchas adicciones comienzan como diversiones de tiempo parcial, pero aumentan el impulso a lo largo del tiempo hasta que se vuelven consumidoras.

Muchas personas tienen personalidades adictivas. Se vuelven fácilmente adictos a algo. La adicción que elijan puede causar un daño parcial o catastrófico dependiendo de lo que sea la adicción y cuánto le permitan tomar control de sus vidas. La gente a lo largo de la historia ha controlado las adicciones a través de la sublimación, cambiando una muy mala adicción por una que no es tan mala o algo positivo.

Las adicciones pueden provenir de una

necesidad o anhelo que no se cumple. La necesidad puede ser física, mental o emocional. Hay muchas circunstancias que están más allá de tu control en tu viaje por la vida Algunas veces estas situaciones pueden causar una necesidad o anhelo de recuperar el control. Esta necesidad puede comenzar en el camino hacia la adicción. No encontrar el amor puede causar obsesión sexual / comportamiento de acoso. El aburrimiento puede causar la búsqueda de emoción que podría manifestarse como el juego o el consumo de drogas. Sentirse impotente ante su vida y / o sus problemas puede provocar el consumo de drogas y alcohol en un esfuerzo por medicar su dolor.

Las personas que son adictas reciben varias advertencias sobre la escalada de sus adicciones. Estas advertencias pueden provenir de amigos y familiares preocupados o de circunstancias en las que los adictos se encuentran como resultado de su adicción. Aquellos que son adictos a algo primero deben darse cuenta de que son adictos y deciden hacer un cambio. Lo que a menudo es útil para muchas personas adictas es trabajar dentro de una comunidad de otras personas que son igualmente adictas, reconocerlo y haberse comprometido con el cambio para terminar con la adicción. En el momento en que esto se ha escrito, estos se conocen como programas de 12 pasos.

10 Encontrar tu regalo (s)

"El regalo está en tu forma de pensar, el poder en los sueños que te atreves a ser".

Tienes un propósito y una misión en la vida. En tu camino hacia la iluminación necesitarás encontrar tus dones. Todos tienen regalos especiales. Algunos pueden arreglar cualquier cosa. Otros pueden tocar un concierto difícil a la perfección. Aún otros tienen una extraña relación con los animales salvajes. Algunos regalos que adquieres durante el viaje, otros con los que naces.

¿Sabes cuáles son tus regalos? Piense en las cosas que hace bien o las cosas que de alguna manera se adaptaron a extremadamente fácil. Podrían ser tan fáciles de identificar como talento especial (como cantar) o difícil debido a su sutileza (como poder comunicarse de una manera que sea comprendida por diferentes tipos de personas). Puede tratar de preguntar a amigos y parientes cuáles creen que son sus puntos fuertes o qué admiran de usted.

Mire hacia atrás en su vida e identifique las cosas en las que ha tenido éxito. Intente vincular las fortalezas que usted y otros han identificado con ejemplos de cosas que ha logrado como resultado del uso de esas fortalezas. Las cosas que has logrado no tienen que ser simplemente identificables. Por ejemplo, alguien con habilidad mecánica podría haber identificado lo que estaba causando un pequeño problema con el automóvil de su papá y arreglarlo, ahorrándole a su padre algo de dinero en una factura de reparación. Esto podría ilustrar cómo alguien que usa una habilidad identificada (mecánica) benefició a su familia (ahorrando dinero en el costo de una reparación).

    Hacer una lista. En un lado del papel escriba sus puntos fuertes identificados y en el otro escriba los éxitos o beneficios obtenidos al usarlos. Enumera algunos objetivos que tienes en la vida. Mira tus puntos fuertes. Luego, intente averiguar cómo puede usar sus regalos para ayudarlo a lograr sus objetivos. Si alguna vez duda sobre qué objetivo tratar de lograr, trate de ver cada objetivo en el contexto de cuántas de sus fortalezas se pueden utilizar para ayudarlo a lograrlo. El objetivo que tiene la mayoría de sus puntos fuertes necesarios para lograrlo podría ser el que le resulte más fácil de lograr.

11 El camino al cielo

"Si quieres entrar al cielo, deja tu ego en la puerta".

El Señor ama la religión. El Señor ama a las personas religiosas. Las personas profundamente religiosas y piadosas no son solo personas que defienden su creencia en El Señor, también lo son los pilares de cualquier comunidad de la que forman parte. Las personas que son profundamente religiosas tienen una ventaja cuando se trata de entrar al cielo. Su religión les proporciona una forma de entrar al cielo. Lo creen y cuando mueren, su espíritu puede usarlo. Su creencia religiosa les proporciona un camino hacia el Cielo.

Para el 99% de la raza humana, el camino elegido es el camino elegido por su creencia religiosa. Cada religión tiene su propio camino al cielo, gobernado por sus propias reglas. En general, su camino al cielo se rige por las reglas que rigen el camino que elija mientras sea un invitado aquí en esta vida y en este planeta en particular.

A pesar de lo que hayas leído o escuchado en otros lugares, hay muchos caminos hacia el Cielo. Otros han afirmado que su camino es el único camino hacia el cielo, pero esto se deriva más de un deseo de atraer seguidores a su religión que de la inspiración divina. También recuerde, la mayoría de los Profetas que han venido antes que yo tampoco pusieron sus conocimientos en forma escrita ellos mismos o la mayoría o algunas de sus escrituras originales se nos han perdido. Estoy poniendo las cosas que me enviaron en forma escrita, pero sé que con el tiempo, es probable que mis escritos originales desaparezcan o sean adulterados después de que mi tiempo en este planeta haya expirado.

    El Señor es un amante de la igualdad de oportunidades. El Señor ama a todas las almas a pesar de la forma de encarnación que toman en sus vidas. Recuerde que no todas las almas viven en forma humana, pero siguen siendo iguales a los ojos de El Señor, incluso si la humanidad no las considera iguales.

    Así como el Señor ama a los que son religiosos, el Señor ama a los que no son religiosos. Hay muchas personas que están afiliadas a una religión y que no practican o no están afiliadas a ninguna religión en absoluto. ¿De verdad crees que un Dios amoroso podría condenarlos solo porque nunca vieron la luz? Si realmente crees que el Señor es el ser más benévolo del universo, ¿cómo? ¿Podrías creer que todos los que no eran religiosos iban al infierno? ¿Que todo niño, niño o persona que muriera antes de que pudieran ser salvados por una religión, tendrían que sufrir el mismo destino a pesar de ser inocentes o vivir una vida recta? Yo no los condenaría y yo no soy el Señor. No condenarlos me haría más benévolo que el Señor. La simple verdad es que no puedo ser más benévolo que el Señor, y por lo tanto, el Señor tampoco los condenaría.

Justo ahora, puedes estar pensando, "Entonces, ¿dónde está la justicia?" ¿Cómo puede alguien que no ha sido religioso y piadoso durante toda su vida ir al cielo cuando no hizo el trabajo que yo hice? La justicia está en la esencia del alma y en el gran esquema de las cosas.

Todos son juzgados por lo que se les ha dado desde el comienzo de su existencia y lo que han hecho con él. Todas las almas vienen a esta vida imbuidas de ciertos talentos y desventajas. Ellos nacen en ciertos ambientes. Al principio son como materias primas, y la suma total de su vida al final es el producto terminado.

Todas las almas, en su forma más pura, viajan desde El Señor a esta vida. Las almas en su forma más pura han incorporado en ellas un Plan Espiritual que conoce la diferencia entre el bien y el mal. Este Plan Espiritual le permite a cada alma la capacidad de tener una conciencia. Esto combinado con el Dios Gene en su ADN espiritual permite que todas las almas se comuniquen directamente y reciban comunicaciones directas de El Señor y tengan la conciencia para evitar que los seres vivos de los que forman parte, realicen acciones incorrectas.

    Las acciones incorrectas son aquellas que desagradan al Señor. Acciones que hacen daño a otros de cualquier manera o forma disgustan al Señor. Esto también incluiría esperar y permitir que otros realicen acciones que dañen a los demás. El Señor ama la armonía, la tolerancia y la compasión. Aquellos que son tolerantes y compasivos tienden a vivir en armonía con sus vecinos. Sin embargo, la armonía, la tolerancia y la compasión deben combinarse con valentía, justicia y honestidad. Aquellos que son justos y honestos y que tienen el coraje de enfrentarse a los demás para asegurarse de que la imparcialidad y la honestidad prevalezcan ayudan a asegurar que la justicia también pueda prevalecer. Alguien que es tolerante y compasivo puede tolerar a un vecino que golpea a sus hijos por el bien de mantener la armonía con ese vecino. Una persona tolerante, compasiva, honesta, justa y valiente podría tener compasión por el golpeador, pero también tendría compasión por los niños y tendría el coraje de llamar a las autoridades para asegurarse de que las palizas se detuvieran y las necesidades de ambos, batidor y batido dirigido.

Las almas en su forma más pura saben distinguir el bien del mal. Ellos saben lo que le agrada a El Señor. Nacen en esta vida con talentos y desventajas y en un ambiente particular. Entonces, ¿cómo van tan mal? Los talentos y las desventajas combinadas con el entorno y las experiencias de vida agregan mucho equipaje extra al alma.

El alma completa de un ser vivo tiene tres partes que reflejan un átomo. Hay un núcleo con dos partes, el Alma Pura u Original y el Gene Dios rodeado por una capa externa protectora llamada espíritu. El Alma Pura / Original conocida como tu Alma Perfecta, está cargada positivamente. El ADN espiritual Dios Gene no tiene ningún cargo. El Espíritu está cargado negativamente.

El propósito de la Alma Perfecta con carga positiva es registrar qué talentos y desventajas le han sido dadas, informando a su espíritu lo que es correcto y lo que está mal, y determinando lo que su espíritu debe hacer para regresar al Señor.

Presencia al final de tu vida El propósito del Dios no cargado / ADN espiritual es actuar como un conducto para la comunicación directa con El Señor. El propósito de tu capa exterior, espíritu cargado negativamente, es absorber los impactos que las experiencias de la vida tienen sobre ti, creando así una personalidad individual única, pero también protegiendo al Alma Perfecta y al Gen de Dios del impacto de las experiencias de la vida. Con el tiempo, tu espíritu puede obstruirse con toda la basura que tu experiencia de vida te ha enseñado.

    Cuando pases de esta llanura mundana, tu Alma Perfecta, que en realidad es una bola de luz muy pequeña, eventualmente volverá a El Señor (para muchos, esto es lo que comúnmente se conoce como Cielo). No puede haber basura en presencia de El Señor. Entonces, ¿cómo estas pequeñas bolas de luz con filtros llenos de basura entran en el cielo? Hay filtros más estrictos que rodean el Cielo. Solo las almas en su forma pura pueden regresar. Para entrar al Cielo, la basura tiene que ser filtrada.

Su alma perfecta usa un plan para determinar qué acciones correctas y qué acciones incorrectas que has realizado en tu vida. El plan se rige por las reglas que el Señor diseñó. No las reglas por las que viviste. No son las reglas que te enseñaron y para algunos, no las reglas que tu religión te enseñó. Cuando pasas, tu Alma en su forma más pura, no tu basura abarrotada, el Espíritu controla tu destino. Determina lo que has hecho bien y hecho mal. Determina la recompensa o el castigo que experimentará.

Una vez que la recompensa o el castigo han sido determinados y completados, tu espíritu puede limpiarse y fusionarse con tu Alma Perfecta y el Gene Dios, formando un nuevo embrión similar al nacimiento terrenal y creando una nueva Alma Mejorada que puede pasar a través del filtro al Cielo. El Alma Perfecta se convierte en el registrador de las experiencias de vida y el Espíritu purificado se convierte en el recuerdo de la vida vivida y lecciones aprendidas. El Dios Gene se pliega en el alma y actúa como un dispositivo de comunicación directa.

A medida que cada alma trae lo que ha aprendido de su experiencia de vida, lo que es Dios se enriquece pero el alma que viene a Dios no es el alma con la que has vivido, es el alma con la que naciste, enriquecida por tu experiencia de vida pero no contaminado por eso. Dios no evoluciona, ni tampoco el alma con la que naciste, ya que son una constante y evolucionaron mucho más allá de los seres humanos.

Su sistema de creencias puede desempeñar un papel y, a menudo, juega un papel importante en el tipo de recompensa o castigo que recibirá. Sin embargo, tenga en cuenta que será un Cielo o un Infierno creado por usted mismo. Si crees que el Cielo es un lugar en las nubes poblado por Ángeles y todos tus seres queridos, eso es lo que experimentarás cuando tu alma de pura forma determine que estás listo para ir allí. Sin embargo, si crees que el Infierno es fuego y azufre, puedes terminar yendo allí al menos hasta que tu Alma Pura determine que es hora de que regreses al Señor. Si, por otro lado, crees que vas a reencarnarte, eso es lo que te sucederá cuando tu Alma Perfecta determine que es el momento.

Entonces, mientras estás aquí, pon el trabajo. Vive tu vida, pero trata de mejorar las cosas no solo para ti y para tus seres queridos, sino también para todos los que están aquí y para todos los que estarán aquí en el futuro. El mundo está en una encrucijada. Tenemos bajo nuestro control, el poder de destruirnos a nosotros mismos y a este planeta. La raza humana puede hacer esto rápidamente a través de la guerra nuclear global o lentamente a través de la mega contaminación. Ambos caminos son mortales, uno es más rápido que el otro. Sus acciones mientras está aquí ayudan a determinar las acciones de todos los demás. Así como sus acciones determinarán su futuro, las acciones de la humanidad afectarán el futuro de la humanidad. El viaje al Cielo comienza con los pasos que tomas hoy.

12 El bello arte de morir

"Morir puede ser un viaje en lugar de una carga".

La muerte es una parte inevitable de la vida. Estar preparado para ello ayuda tanto al que está muriendo como a los que quedan atrás. Aliviar la carga de las facturas asociadas con la muerte y el entierro o la cremación es algo que todos pueden hacer. Algunas personas tienen trabajos con beneficios de muerte. Otros pagan primas de seguro de vida. Algunos gobiernos tienen un beneficio de seguridad social que grava a la gente trabajadora, pone el dinero para usar y luego devuelve los impuestos, con intereses, en efectivo cuando se retiran, pero a veces también cuando mueren.

Para aquellos que están organizados, mantengan sus asuntos en orden y cuenten con un testamento que explique quién obtiene qué de sus bienes tiene la tranquilidad de saber que sus seres queridos están provistos. Aquellos que les dicen a los que aman cómo se sienten tienen la tranquilidad de saber que sus seres queridos saben que fueron amados. Aquellos que tienen sus asuntos en orden y les dicen a sus seres queridos cómo se sienten pueden estar en paz con el hecho de que no han dejado demasiados cabos sueltos para que sus parientes, sepan cuánto los aman, y estén libres de cargos.

Aquellos que generalmente no están

organizados, no tienen sus asuntos en orden, o no se toman el tiempo para decirles a sus seres queridos que son amados, pueden dejar este mundo con muchas preguntas sin respuesta y pueden tener una conciencia inquieta o culpable en ese momento de su partida.

La forma de muerte a menudo tiene sus propios beneficios y consecuencias únicos. Aquellos que mueren rápidamente (como en un accidente o un desastre natural) se libran de sufrir, pero no tienen tiempo para poner sus asuntos en orden o contarles a todos sus seres queridos cómo se sienten. Sus seres queridos están atrapados sin preparación para su muerte, que puede hundirse a la desesperación y el caos, hasta el punto de desintegrar la unidad familiar. Ahí es donde prepararse antes de tiempo es útil. Le permite a sus seres queridos saber cómo se siente más allá de la tumba.

A una muerte lenta y prolongada (como por enfermedad) se le asigna tiempo para poner sus asuntos en orden y decirles a los que aman cómo se sienten. También tienen tiempo para preparar a sus seres queridos para lo inevitable. La compensación es un sufrimiento prolongado tanto para los moribundos como para los seres queridos que los ven desaparecer un poco a la vez. Cuando aquellos con una enfermedad prolongada mueren, sus seres queridos a menudo se han estado preparando para ello. Están tristes por su pérdida, pero están en paz con el hecho de que el sufrimiento de su ser querido ha llegado a su fin.

Muerte, ya que la vida es una cuestión de percepción. Aquellos que creen que han vivido justamente y que creen que hay algo para el alma más allá de la muerte, nos dejan listos para participar en la próxima aventura. Aquellos que no han vivido justamente o que creen en la nada después de la vida, temen a la muerte porque sienten que les espera un gran castigo o que simplemente dejarán de existir y nunca más disfrutarán de las cosas que disfrutaron mientras vivían.

Lo que sucede cuando mueres es lo que sucede. No puedes cambiarlo Solo puedes cambiar la forma en que la experimentas a través de la manera en que la ves a medida que atraviesas la experiencia. Prepararse para la muerte antes de que suceda puede ayudarlo a considerarla una carga menor para usted y para los demás. Decirles a los que amas que son amados todos los días, puede reforzar el hecho, de modo que si no tienes tiempo para decírselo cuando te vayas, ya lo saben, pueden ayudarte a tranquilizar tu conciencia. Enmendar los errores que ha cometido en su vida, ya que una práctica continua puede ayudarlo a aliviar la culpa futura. Actuar con compasión y compartir su amor con el mundo puede ayudarlo a desaparecer, pero no a olvidar.

13 Qué sucede cuando mueres

"Hay una trilogía al comienzo de la vida y al final de la vida".

Desde el comienzo de los tiempos, la humanidad se ha preguntado qué sucederá cuando muramos. Diferentes religiones y culturas responden a esta pregunta de manera diferente. Los estudios de casos de personas que han muerto y regresan llegan a conclusiones variables.

Así como la esperma y el huevo se forman para crear un nuevo organismo (la trilogía de la procreación) y los bloques de construcción de la vida, el átomo tiene tres partes (protón, neutrón y electrón, la trilogía atómica) hay una Trilogía Espiritual al final de vida. Todos somos almas perfectas. Elegimos experimentar la existencia como un ser vivo. Llamamos a este estado de existencia vida. Comenzamos la vida como almas perfectas. Nuestra Alma Perfecta tiene dos capas, una capa externa protectora conocida como el Espíritu y una capa interna protegida, que es el Alma Perfecta real. Ambos están alojados en nuestro cuerpo.

La función de tu Espíritu es servir como una capa protectora para tu Alma Perfecta que absorbe las cosas que te suceden en la vida. Las cosas que experimentamos durante nuestras vidas actúan sobre nosotros y hacen impresiones sobre nuestro Espíritu. Con el tiempo estas impresiones lo rodean y lo cambian. Tu Alma Perfecta permanece dentro de tu Espíritu como una capa interior protegida de ADN espiritual. No cambia y actúa como un testigo silencioso de las pruebas, tribulaciones, traumas y alegrías que experimenta, así como de las cosas buenas y malas que hace en la vida. Registra todas estas cosas y cualquier cosa que hayas aprendido de ellas como testimonio de tu vida.

    Cuando mueres, la trilogía espiritual, tu cuerpo, tu espíritu y tu alma perfecta hacen lo contrario de lo que hicieron el esperma y el óvulo en la concepción. Tu cuerpo, que fue creado en la concepción, se cae y tu Espíritu lo abandona. Lo que te sucede cuando mueres está determinado por tu Alma Perfecta. Tu Alma Perfecta es con quien el Señor te envía aquí. El Alma con la que naces no es el Alma con la que mueres. Mueres con tu Alma Perfecta intacta. Está justo dentro de tu Espíritu. Tu Espíritu está cubierto con la basura que queda de tu experiencia de vida. Las porquerías que cubren tu Espíritu pueden incluir cosas como malas decisiones que hayas tomado, traumas que no has dejado ir, personas y cosas que no quieres abandonar, las creencias y emociones que has tenido. Todas estas cosas y más se adhieren y cubren tu Espíritu, que ha cumplido su función, absorbiendo los sobresaltos que tu existencia ha acumulado sobre ti y protegiendo tu Alma Perfecta. Tu Espíritu deja tu Cuerpo en el momento de la muerte. Tu Alma Perfecta determina cuándo te conducirá de vuelta a El Señor.

Muchas personas son conducidas allí de inmediato. Otros pueden tener un período de espera. No importa la cantidad de basura que sus creencias y acciones hayan acumulado sobre su Espíritu, su Alma Perfecta sabe qué hacer antes de poder entrar en la presencia del Señor. Las creencias y acciones de algunas personas pueden abrumarlos después de la muerte y hacer que se conviertan en espíritus ligados a la tierra. Otros pueden haber vivido imprudentemente pensando que todavía tenían tiempo para arrepentirse o pensaban que estaban destinados al infierno de todos modos y que también podían disfrutar de la vida mientras estaban allí, incluso si su búsqueda de alegría hacía a otros miserables. Pueden esperar durante un tiempo en una especie de limbo que la humanidad ha llamado purgatorio o puede sufrir a través de varias reencarnaciones, pero eventualmente llegará a su destino.

SALMOS
Estoy más allá de tu percepción de mí
Por el Profeta de la Vida

VERSO 1
Es solo la punta del tempano que sabes
Solo has arañado la superficie
Lo que está frente a ti es un alma infinita
Una vida que está llena de propósito
Soy más de lo que
Alguna vez sabrá
Más de lo que ves

CORO
Estoy más allá
Tu percepción
De mí

VERSO 2

Me conoces desde hace mucho tiempo
Vivo y trabajo a tu lado
Has descontado este corazón mío
Aunque es verdad
Mi amor es más brillante
Que las estrellas
Más profundo que el mar

CORO
Estoy más allá
Tu percepción
De mí

VERSO 3

Caminamos solos, a lo largo del camino
Encuentra almas gemelas de paso
Aprende lecciones después de las secuelas
De cicatrices que son eternas

La vida es un viaje
De llegar a ser
Todo lo que podemos ser

CORO
Estoy más allá
Tu percepción
De mí

Ser amado
Una canción del profeta de la vida

VERSO 1

Que cálida sensación es
Ser sostenido

Para ser tocado
Ser cuidado con ternura
Pero sobre todo para ser amado

Una vez que vi a un hombre rico
Hundirse de rodillas y comenzar a llorar
Él construyó un poderoso imperio de concreto y acero
Pero sin amor, él no era nada

CORO
Todos queremos ser amados
Dije que todos queremos ser amados
Ya sabes, todos queremos ser amados
Ser amado
Ser amado

VERSO 2
Cuando la noche es fría y estás cansado
Y las cargas que llevas son demasiadas
Es una clase especial de comodidad
El saber que eres amado

Pronto los problemas que tienes parecen mezquinos

Y los grilletes alrededor de tu alma se derriten
Y el amor que sientes te rodea
Y de alguna manera te da fuerza

CORO
Todos queremos ser amados
Yo digo que todos queremos ser amados
Ya sabes, todos queremos ser amados
Ser amado
Ser amado

VERSO 3
Un hombre rico puede perder su fortuna
Un hombre de poder puede volverse corrupto
Pero es un hombre sabio que conoce el secreto
De la felicidad de ser amado
Todos queremos ser amados
Dije que todos queremos ser amados
Ya sabes, todos queremos ser amados
Ser amado
Ser amado

No hay tiempo para llorar
Una canción del profeta de la vida

VERSO 1

Todo se está cayendo a pedazos, pero no estoy llorando
Siempre puedo hacer un nuevo comienzo
Y seguir intentándolo
Causan los malos momentos que están obligados a pasar
El truco es hacer que los buenos tiempos duren

CORO
No tengo tiempo para llorar
No hay tiempo para llorar
La vida es demasiado corta
Para dejarlo pasar
Así que no tengo tiempo para llorar

VERSO 2
La vida no siempre una luz de sol
Debe haber algo de lluvia
Pero siempre hay formas de lidiar con el dolor
Causan los malos momentos que están obligados a pasar
El truco es hacer que los buenos tiempos duren

CORO
No tengo tiempo para llorar

No hay tiempo para llorar
La vida es demasiado corta
Para dejarla pasar
Así que no tengo tiempo para llorar

Nacido para ganar
Una canción del profeta de la vida

VERSO 1

Nada puede detenerte
Una vez que tienes una actitud ganadora
Pon tu plan en movimiento
Obtenga su futuro en movimiento

PUENTE
Ve por la gloria
Busque la parte superior
Fije su vista en un objetivo
Y dale todo lo que tienes

CORO
Nacido para ganar
Naciste para ganar
Las probabilidades están de tu lado
Una vez que comienzas

No puedes perder
Porque naciste para ganar

VERSO 2
Arar a través de los controles de la carretera
Que están sentados en tu camino
Con lo que tienes para seguir
No hay necesidad de tener miedo

PUENTE
Ve por la gloria
Busque la parte superior
Fije su vista en un objetivo
Y dale todo lo que tienes

CORO
Nacido para ganar
Naciste para ganar
Las probabilidades están de tu lado
Una vez que comienzas
No puedes perder
Porque naciste para ganar

El don
Una canción del profeta de la vida
VERSO 1

Sigues tratando de encontrar la Felicidad total
Sin embargo, una y otra vez Terminas conformándote con menos
Pero el sol sale cada mañana
 Así que intentas otra vez
Mientras tu mente sigue vagando
Para llenar el vacío en tu vida
CORO
El don está en el pensamiento
El poder en los pensamientos de que te atreves
Y siempre que lo necesites
El don siempre estará ahí

VERSO 2
A veces estás perdiendo otras veces ganas
La diferencia depende de cómo uses el don
Sigues buscando respuestas
Pero las preguntas son todo lo que obtienes
Mientras tu mente solo sigue vagando
Y de alguna manera te da fuerza

CORO
El don está en el pensamiento

El poder en los pensamientos que te atreves
Y siempre que lo necesites
El don siempre estará ahí

Todos hacen la diferencia
Una canción del profeta de la vida

VERSO 1
Todos hacen la diferencia
Todos pueden ser una estrella
Todos son importantes
No importa quién o qué son
Todos pueden ser un héroe
Todos tenemos la oportunidad de brillar
Todos hacen un impacto
En su propio espacio y tiempo

VERSO 2
Todos hacen la diferencia
En todo lo que hacen y dicen
Todos dejan su huella en la humanidad
Antes de que mueran
Todos tienen algo especial
Eso los diferencia del resto
Eso llena un vacío que yace en algún lugar de este mundo
Da fuerza donde falta fuerza

VERSO 3
Todos hacen la diferencia
Todos únicos pero iguales
Todos juegan un papel en la fuerza positiva
Eso nos cuida a todos
Todos son un tesoro
Todos son hermosos
Todos nacen con la bondad
Y hay algo bueno en cada alma

Cuando el Espíritu me mueve
Una canción del profeta de la vida

VERSO 1
Bienvenido a mi vida
Atrapado en estas páginas
De una novela de nueve a cinco
El zumbido de la computadora
El sonido del registro
Ellos son mis compañeros constantes
Completo con ilustraciones
De un mar interminable de caras sin emociones

Recolectando su paga
Contando los días
Hasta que el retiro los condena

CORO
Pero cuando el espíritu me mueve
Cuando el espíritu me mueve
Puedo liberarme
Y hacer cosas grandes
Como si supiera para que estaba destinado
Cuando el espíritu me mueve
Cuando el espíritu me mueve
Las segundas oportunidades surgen
A medida que los sueños cobran vida
Y luego se vuelven realidad

VERSO 2
A medida que la trama se desarrolla
Lucho con la angustia
De una vida que no va a ninguna parte
Veo a otros pasar de largo
Y siento que seguramente moriré
A manos de la frustración
Pero al final encuentro
Que hay una razón
Para mi existencia mundana

Y mejores cosas brillarán
Una vez que puedo encontrar
Una forma de dejarlos

CORO
Pero cuando el espíritu me mueve
Cuando el espíritu me mueve
Puedo liberarme
Y hacer cosas grandes
Como si supiera para que estaba destinado
Cuando el espíritu me mueve
Cuando el espíritu me mueve
Las segundas oportunidades surgen
A medida que los sueños cobran vida
Y luego se vuelven realidad

Libro 2
Citas
Espiritualidad
La Ley de Sincronización

"Cuando tu mente, cuerpo y espíritu están sincronizados estás en sintonía con el flujo y reflujo del universo. Cuando estás en sintonía con el flujo y reflujo del universo, ves posibilidades que nunca habías notado antes. Cuando ves las nuevas posibilidades creas nuevas posibilidades. Cuando creas nuevas posibilidades que están en sintonía con el flujo y reflujo del universo, te vuelves uno con el universo. Cuando eres uno con el universo, el universo responde con total aceptación."

"La vida no es más que una serie de experiencias. Cada persona elige si ser iluminado por ellas o ser traumatizado por ellas. Yo he elegido la iluminación."

"Creo que uno de los desafíos en nuestro tiempo, así como en tiempos pasados, es vivir espiritualmente en un mundo material. Gran parte de la clave es la actitud y la actitud correcta pueden producir una percepción perceptual. Cuando la mente, el cuerpo y el espíritu están sincronizados, uno tiende a "notar" la espiritualidad de todo y, al hacerlo, puede darse cuenta del flujo y reflujo del universo y unirse en armonía con él."

"Es tu vida, es tu viaje, donde estás, es donde quieres estar."

"Cuando estás en armonía con el universo, el universo responde con total aceptación."

"Los mantras utilizan el poder espiritual de los sonidos y el poder de enseñanza de la repetición."

"La libertad es un estado de ánimo. Puedes estar físicamente en prisión y, sin embargo, ser libre."

"El poder de la vida es que cada día ofrece la oportunidad de comenzar de nuevo."

"La abnegación y el sacrificio pueden construir el carácter."

"Tu percepción determina tu realidad."

Tu alma sabe lo que tu ego aún tiene que percibir."

"La interpretación y la experiencia tanto de la espiritualidad como de la religión dependen de la persona que interactúa con ellos. La religión puede darle a uno una estructura para guiar a uno a lo largo de su camino. La espiritualidad también puede proporcionar una estructura, pero es una estructura que uno crea o selecciona en oposición a una que está prefabricada. La religión proporciona la banda sonora de una experiencia espiritual, pero sin espiritualidad, la religión no tiene ritmo. La religión y la espiritualidad no son diametralmente opuestas. La estructura que proporciona la religión puede ser como un cuerpo, pero sin espiritualidad el cuerpo no puede tener alma."

"La libertad es un estado de ánimo. Puedes estar físicamente en prisión y, sin embargo, ser libre."

"No existe el mal". Sin embargo, hay una enfermedad mental."

"Los mantras utilizan el poder espiritual de los sonidos y el poder de enseñanza de la repetición."

"La realidad se puede percibir cuando la emoción se deja de lado."

"El concepto de la Unidad de Profecía establece que todos los profetas están relacionados en espíritu y existen en espíritu en el pasado presente y futuro como colectivo. Cada profeta da un giro en la encarnación, pero también proporciona orientación y apoyo para otros profetas que están encarnados cuando no lo son. El mensaje de cada profeta es el que el ser humano necesita en el momento de la encarnación de ese profeta. Los mensajes están en sintonía con la capacidad de las humanidades para entender a Dios en ese momento. Los mensajes de los profetas parecen cambiar porque la capacidad de las humanidades para comprender a Dios cambia y Dios ofrece una mayor comprensión, a través de los profetas, en incrementos, a lo largo del tiempo."

"Hay varios tipos de profecías y hay diferentes tipos de profetas. Algunos predicen el futuro. Otros reciben la Palabra. Para la mayoría de sus vidas, los profetas no son profetas activos. Pueden estar profetizando pero nadie los conoce y, en general, a nadie le importa. Les toma tiempo construir un seguimiento. Todo es lo mejor porque una vez que se conocen, atraen tanto a seguidores como a detractores. Pueden hacer amigos poderosos pero también pueden hacer enemigos poderosos."

"Hay, y siempre ha sido el negocio de Dios. Siempre hay dinero para "salvar" almas o al menos para convertirlas (y sus billeteras en su forma de pensar). Más allá de las consideraciones monetarias, salvar almas se vuelve filosóficamente importante a veces creando tensiones en un punto álgido. Las filosofías chocan, se crean fanáticos. Las guerras son libradas. Las estructuras de poder atacan a los competidores percibidos para eliminar las amenazas de mantener seguidores actuales y atraer nuevos. Los profetas a menudo son atrapados en el medio debido a la amenaza potencial a la estructura de poder que la información que transmiten podría representar."

"La mayoría de los Profetas llegan a un punto en el que pasan a ser" de alto perfil ", pero a menudo mueren poco después. No es fácil ser un profeta ni es fácil decidir pasar a "perfil alto" porque si bien puede haber recompensas potenciales, también hay una plétora de consecuencias dolorosas / mortales."

"Las palabras cambiadas de los profetas son evolutivas. Las palabras originales de los profetas son revolucionarias. Tanto la revolución como la evolución cambian el mundo, uno solo lleva más tiempo que el otro. Es cierto que han perdido las palabras originales de muchos de los profetas, pero los sentimientos originales aún pueden existir en las versiones alteradas. La palabra es aclarada por los profetas y por los que vienen después de ellos. El Señor siempre envía profetas para continuar clarificando la comprensión de la Palabra por parte de la humanidad. Los profetas son como Doritos. El Señor sigue haciendo más."

"La religión les da a las personas una estructura para construir sus vidas y su culto alrededor."

"Todos nacemos con un alma original. A medida que avanzamos en el camino de nuestra vida, acumulamos cosas, traumas, placeres, creencias (incluidos los religiosos) y hábitos a través de nuestra experiencia y educación. Todas estas cosas cubren nuestra alma original para formar lo que llamamos nuestro espíritu. Nuestro espíritu es nuestra alma original con todo el "bagaje" que hemos acumulado a lo largo de nuestra vida."

"Jesús nos enseñó muchas cosas. Pero también lo hicieron Muhammad, Buda y muchos otros. No necesitas sacerdotes o profetas para enseñarte. Las personas y los eventos en tu vida pueden enseñarte."

"Tu camino es como un misterio que se desarrolla a medida que lo recorremos". ¡El viaje en sí es la mitad de la diversión!

"La vida es un viaje que tu alma eligió tomar. El mundo debe ser nuestra escuela. Todos estamos aquí para aprender las lecciones que la vida tiene para enseñarnos y regresar con ese conocimiento a Dios. Lo que aprendemos no solo enriquece nuestra alma, sino también a todas las almas del universo. De esta manera, cada ser vivo, sin importar cuán corto sea su vida, aprende algo y contribuye con algo conjunto."

"Todas las almas han existido desde el principio de los tiempos y existirán hasta el final de los tiempos". Solo cuando están residiendo y totalmente unidas en una unión en el cielo, tienen una memoria comprensiva del pasado-presente-futuro que conocemos como tiempo eterno. Tienen esta memoria de comprensión en un nivel no lineal. Esta memoria de comprensión rara vez se alcanza en un nivel consciente para las almas que están pasando por una encarnación, aunque muchas pueden recibir atisbos de ella durante una encarnación en un nivel subconsciente."

"La realidad se puede percibir cuando la emoción se deja de lado".
"Piénsalo como tu alma original es tu sistema operativo y tu espíritu consiste en varios programas de software que adquieres en tu viaje. Tu alma original, en su mayor parte, se ejecuta silenciosamente en el fondo mientras cargas varios programas de software para ayudarte a descifrar y reaccionar a lo que está sucediendo en tu vida. Tu alma original tiene una copia de seguridad que registra todo lo que experimentas y lo que has aprendido de él (si se da el caso)."

"El poder de DE LA PALABRA se cuela tan sutilmente que crees que te dice algo que siempre has sabido."

"Hay corrientes de conciencia en el universo. Cuando alguien inventa algo o crea algo, a menudo alguien inventa o crea algo similar y, a menudo, al mismo tiempo o casi al mismo tiempo. Creo que cuando el universo necesita algo, se inculca el deseo de descubrirlo, inventarlo o crearlo. Si una persona es llamada a hacer el descubrimiento real, inventar."

"Cuando mueres, tu alma original se hace cargo y expulsa tu software. Regresa a Dios quien luego descifra la copia de seguridad y así se enriquece. A veces, el software se niega a dejar el sistema operativo, que lo deja atascado en la tierra hasta que se separa.
En este caso, tienes un fantasma."

"La interpretación y la experiencia de la espiritualidad y la religión dependen de la persona que interactúa con ellos."
"Cuando la humanidad nos mire a nosotros mismos sin etiquetas y solo como grandes espíritus, nos desharemos de los" ismos "(sexismo, racismo, etc.) y las persecuciones que vienen con ellos."

"Hay dos tipos de dimensiones. Aquellos que percibimos y aquellos que no. Aquellos que no incluimos la dimensión espiritual."

"Tu alma sabe lo que tu ego aún tiene que percibir."

"La espiritualidad, en esencia, es una empresa individual, ya sea que uno participe en una comunidad religiosa o no. Todos estamos en nuestro propio viaje, sin importar las creencias o ideales a los que podamos adherirnos en nuestro camino."

"La iluminación es un esfuerzo muy personal. Uno puede iluminarse diariamente de maneras pequeñas, de vez en cuando uno obtiene un momento "AHA" y de vez en cuando una revelación. Esta breve redacción parece una vista previa de un libro sobre las conclusiones derivadas de la experiencia personal de alguien. De eso es de lo que se trata la mayoría de la literatura, viviendo vicariamente y creciendo a partir de los conocimientos adquiridos de la experiencia de los demás."

"Jesús nos enseñó muchas cosas. Pero también lo hicieron Muhammad y Buda Krishna, Moisés y muchos otros. No necesitas sacerdotes o profetas para enseñarte."
 "Las personas y los eventos en tu vida pueden enseñarte."

"Así como hay algo de oscuridad en cada alma, hay algo de luz en cada alma."

"Las almas no necesitan ser salvadas. Egos necesitan aclaración."

"Creo que siempre he sido capaz de ver las cosas desde dentro y fuera de mí simultáneamente. Esto tiene, creo que ha sido una de mis gracias de salvación."

"La espiritualidad es como un juego. El juego cambia y se regenera constantemente. Al mismo tiempo, todos y cada uno de ellos lo interpretan. Usted como individuo juega el juego en medio de miles de millones pero a pesar de las distracciones que se presentan. El único jugador importante para ti eres tú."

"Cada uno camina nuestro propio camino. Todos los caminos conducen al mismo destino pero diferentes seres llegan a él en diferentes momentos. Cada camino es como un misterio que se desarrolla a medida que lo recorremos. ¡El viaje en sí es la mitad de la diversión!

"Aunque muchas personas definen su espiritualismo a través de una religión, no es necesario ser religioso para ser espiritual."

"Nuestros cuerpos físicos, aunque poderosos son meramente fachadas. Son ropa para nuestro espíritu."

"Tu verdadera naturaleza espiritual es confiar. Tu verdadera naturaleza espiritual es respetar."
"Tu verdadera naturaleza espiritual es amar incondicionalmente."

"Cada viaje espiritual comienza con pequeños pasos y evoluciona en pasos largos. Las revelaciones más profundas ocurren en los primeros pasos, y lo alto que se crea a menudo inspira e impulsa el resto del viaje."

"La humildad está destinada a evitar que una persona se hinche la cabeza. La obediencia está destinada a dar una estructura y disciplina. Cuando se combina con un propósito, ya sea que el propósito sea religioso, relacionado con el trabajo o que fomente la educación, la humildad y la obediencia pueden ser igual de exitosas."

"Tu percepción determina tu realidad. Cambia tu percepción y cambias tu realidad."

"Muchos de nosotros buscamos las respuestas, pero en realidad están a nuestro alrededor. No siempre sabemos cómo llegar a ellos."

"La religión no es un prerrequisito para encontrar a Dios. La religión es simplemente un camino, pero hay muchos caminos. Algunos pueden tratar de decirte que su camino es el único, pero que es más un dispositivo creado por personas que quieren atraer y mantener seguidores de una religión que un hecho real."

"Todos viajamos en dos mundos, el mundo humano y el mundo de los espíritus, con amigos de ambos lados que nos ayudan con el viaje de nuestra vida."

"Deja que la luz que está dentro de mí ilumine a la humanidad."

"Tu verdadera naturaleza espiritual es confiar. Tu verdadera naturaleza espiritual es respetar."

"Tu verdadera naturaleza espiritual es amar incondicionalmente. A medida que avanzas en tu vida, sin embargo, las cosas te suceden y desarrollas un ego como una reacción de las cosas que te suceden. La gente aprovecha su confianza y aprende a confiar un poco menos. Si bien el respeto es natural, la falta de respeto también se aprende. Tu corazón amoroso se rompe repetidamente y el amor ya no es incondicional. ¿Es de extrañar que las personas desarrollen prejuicios y odios para aquellos que son diferentes? ¿Es de extrañar que las religiones luchen entre sí para obtener o defender conquistas espirituales? ¿Es de extrañar que las naciones declaren la guerra, el genocidio y la limpieza étnica unos sobre otros?"

"La Biblia original era la Palabra de Dios interpretada por los hombres, pero como ha sido cambiada, alterada y traducida se ha convertido más en una versión de la Palabra de Dios interpretada por hombres de religión que a menudo tenían una agenda basada en la las necesidades actuales de su religión."

"La interpretación y la experiencia tanto de la espiritualidad como de la religión dependen de la persona que interactúa con ellos. La religión puede darle a uno una estructura para guiar a uno a lo largo de su camino. La espiritualidad también puede proporcionar una estructura, pero es una estructura que uno crea o selecciona en oposición a una que está prefabricada. La religión proporciona la banda sonora de una experiencia espiritual, pero sin espiritualidad, la religión no tiene ritmo. La religión y la espiritualidad no son diametralmente opuestas. La estructura que proporciona la religión puede ser como un cuerpo, pero sin espiritualidad el cuerpo no puede tener alma."

"La realidad se puede percibir cuando la emoción se deja de lado".

"El concepto de la Unidad de Profecía establece que todos los profetas están relacionados en espíritu y existen en espíritu en el pasado presente y futuro como colectivo. Cada profeta da un giro en la encarnación, pero también proporciona orientación y apoyo para otros profetas que están encarnados cuando no lo son. El mensaje de cada profeta es el que el ser humano necesita en el momento de la encarnación de ese profeta. Los mensajes están en sintonía con la capacidad de las humanidades para entender a Dios en ese momento. Los mensajes de los profetas parecen cambiar porque la capacidad de las humanidades para comprender a Dios cambia y Dios ofrece una mayor comprensión, a través de los profetas, en incrementos, a lo largo del tiempo."

"Cada uno camina nuestro propio camino. Todos los caminos conducen al mismo destino pero diferentes seres llegan a él en diferentes momentos. Cada camino es como un misterio que se desarrolla a medida que lo recorremos. ¡El viaje en sí es la mitad de la diversión!
"La religión no es Dios. Es simplemente un intento de la humanidad para entender a Dios ".
"Muchos de nosotros buscamos las respuestas, pero en realidad están a nuestro alrededor. No siempre sabemos cómo enfocarnos en ellos. La religión no es un prerrequisito para encontrar a Dios. La religión es simplemente un camino, pero hay muchos caminos. Algunos pueden tratar de decirte que su camino es el único, pero que es más un dispositivo creado por personas que quieren atraer y mantener seguidores de una religión que un hecho real."

"Lo que me he dado cuenta acerca de este tema es el siguiente: todos nacemos con un alma original. A medida que avanzamos por el camino de nuestra vida, acumulamos cosas, traumas, placeres, creencias (incluso religiosos) y hábitos a través de nuestra experiencia y educación. Todas estas cosas cubren nuestra alma original para formar lo que llamamos nuestro espíritu. Nuestro espíritu es nuestra alma original con todo el "bagaje" que hemos acumulado a lo largo de nuestra vida."

"Piénsalo como tu alma original es tu sistema operativo y tu espíritu consiste en varios programas de software que adquieres en tu viaje. Tu alma original, en su mayor parte, se ejecuta silenciosamente en el fondo mientras cargas varios programas de software para ayudarte a descifrar y reaccionar a lo que está sucediendo en tu vida. Tu alma original tiene una copia de seguridad que registra todo lo que experimentas y lo que has aprendido de él (en todo caso)."

"Cuando mueres, tu alma original se hace cargo y expulsa tu software. Regresa a Dios quien luego descifra la copia de seguridad y así se enriquece. A veces, el software se niega a dejar el sistema operativo, que lo deja atascado en la tierra hasta que se separa. Otras veces, el software se deja solo en este plano mundano y se repite una y otra vez como un error o una grabación que se reproduce continuamente en ciertos intervalos. En cualquiera de estos casos, tienes un fantasma."

"Qué religión eres no importa. Ni siquiera tiene que tener una religión para venir a El Señor. Todos llegan al Señor eventualmente, incluso los ateos ". "El universo nos habla a todos. Solo necesitamos saber cómo escuchar."

"Sea lo que sea que creas que Cristo fue, gran hombre, profeta o Dios, puedes consolarte sabiendo que sea lo que sea que Cristo fue para ti, eligió vivir como lo haces tú. Él pasó por las mismas luchas que tú. En esto, eres uno con Cristo y, a través de ti, Cristo vive."

"La iluminación puede sucederle a cualquiera que esté abierto a ella. No tiene que ser elegido, simplemente tiene que elegir estar abierto a eso".
"Todos tomamos nuestro propio viaje espiritual. Una religión en particular puede ser parte de eso, pero no tiene que ser así. Muchos crecen más allá de sus religiones, pero muchos en el mundo no."

"Todos caminamos un camino en nuestra experiencia de vida. Si somos diligentes y afortunados, recibimos e interpretamos las señales que se nos dan correctamente, encontramos el camino en el que estábamos destinados, en lugar de tomar un camino equivocado y terminar en el camino equivocado."

"Cuando voy con mi ego, entonces no puedo crecer."

"Estás aquí por un propósito. Hay más para ti de lo que se puede ver desde la superficie".
"Si todos se enamoraran de alguien de un grupo que más odian, ya no habrá odio en el mundo". O cederían a ese amor o se destruirían por sentirlo."

"Todos estamos en caminos separados. Es posible que tengamos a otros en nuestro camino de vez en cuando, pero viajamos como individuos."

"La religión les da a las personas una estructura para construir sus vidas y su culto alrededor."

"Tu cuerpo es simplemente una extensión de tu alma. La enfermedad está destinada a incomodarte, no a matarte. El amor está destinado a curarte. La vida está destinada a enseñarte."

"Cuando haces cosas buenas, las cosas buenas vuelven a ti. Para decirlo de manera más simple, cuando haces el bien te vuelves bueno."

"El dinero y el poder son fugaces. Son meras ilusiones que pueden llevar a delirios de grandeza y la falsa creencia de que uno no es susceptible a la fragilidad de la vida humana."

"Uno de los mayores desafíos de la vida es vivir espiritualmente en un mundo material. Vivir espiritualmente se puede hacer a través de una religión y muchos lo hacen, pero la religión es más que ir a un lugar de adoración, está ocupando el lugar de la adoración contigo, donde sea que vayas. Vivir espiritualmente es una cuestión de percepción si percibes el mundo espiritualmente, notas la espiritualidad en todo."

Mi fe me enseña una visión completamente diferente de Karma. Puede haber algo de Karma en juego, por ejemplo, si el incidente múltiple de muerte involucra una súper tormenta que es el resultado del calentamiento global y todas esas personas tienen, en vidas pasadas y actuales, cosas que contribuyen al calentamiento global, entonces podría jugar un parte en eso. Sin embargo, muchos de los eventos trágicos que ocurren son debido a la negligencia de la humanidad o las fuerzas naturales como los terremotos y las tormentas. Si vives en una falla, es el karma el que te causó la muerte en un terremoto o tu propia ignorancia (no sabías que vives en una falla) o testarudez, (compraste allí porque te costó menos dinero y ahora no puedes permitirte moverte). El propósito de la vida es enseñar lecciones. Las fuerzas naturales ocurren no porque Dios las haga pasar a personas particulares, sino porque ese es el sistema que Dios estableció para este planeta. A quién le sucede es a menudo una cuestión de elección personal en la vida que tienes ahora. Tanto la persona que sobrevive a un desastre y la persona que sucumbe a ella aprenden una lección que la diferencia es que el que sobrevive llega a contarle a sus amigos y familiares y al compartirla, les ofrece la oportunidad de aprender de ella también. "Algunas personas aprenden de sus errores y otras evitan cometer errores al aprender de los errores de los demás."

Misericordia

"La misericordia auténtica tiene en cuenta las circunstancias atenuantes al administrar justicia. Está buscando al perpetrador como un ser humano rescatable en lugar de un monstruo para ser castigado y sometido."

Lecciones de vida

"Algunas personas aprenden de sus errores. Otros evitan cometer errores al aprender de los errores de los demás."

"Donde sea que estés en la vida es el resultado de las decisiones que tomaste y las acciones que tomaste o no tomaste."

"Las decisiones tomadas con ira pueden producir una vida de arrepentimiento."

"Nuestras vidas están llenas de puertas. Cada uno puede conducir a una nueva aventura."

"Muchas cosas van y vienen en tu vida. Gran parte de la vida (y el tiempo) está llena de corrientes de conciencia que circulan y recirculan. La humanidad está creciendo, cambiando y evolucionando, y tú también."

"Lo que se necesita en el mundo es respeto mutuo y la comprensión de que no todos en el mundo creen como tú, pero si los respetas, aceptas estar en desacuerdo."

"La retrospectiva es 20/20. Investigación. Plan. Ejecutar. Evaluar. Esto hace que su visión hacia adelante 20/20."

"La iluminación puede sucederle a cualquiera que esté abierto a ella. No tiene que ser elegido, simplemente tiene que elegir estar abierto a él."

"Carácter de auto-sacrificio y sacrificio."

"Es bueno que uno se cumpla dentro de uno mismo, pero son las personas que no se han cumplido las que cambian el mundo, mientras buscan la realización."

"Donde sea que estés en la vida es el resultado de las decisiones que tomaste y las acciones que tomaste o no tomaste."

"El liderazgo es un esfuerzo colaborativo."

"La vida nos enseña que ignorar un problema no lo hará desaparecer, sino que le permite convertirse en un problema mayor."

"La autoconfianza a menudo proviene de la familiaridad a través de la experiencia. En los atletas proviene de la práctica, en los académicos proviene del estudio. Con frecuencia, cuanto más familiarizado estás con algo, más confianza tienes. Esto se debe a que no hay incógnitas o al menos están minimizadas. Es el miedo a lo desconocido lo que detiene a muchas personas. La familiaridad experiencial que proviene de la práctica o el estudio elimina y / o minimiza lo desconocido."

"La vida puede ser tu mejor maestro una vez que estés abierto a aprender de la experiencia."

"Mi vida es una serie interminable de milagros. La tuya también puede serlo si te tomas el tiempo para darte cuenta de los milagros que te rodean."

"La gente tiende a recordar lo bueno más que lo malo, las victorias más que las luchas que las dieron a luz."

"Los mantras utilizan el poder espiritual de los sonidos y el poder de enseñanza de la repetición."
"Tu vida es una lección interminable."

"Tu cuerpo es simplemente una extensión de tu alma. La enfermedad está destinada a incomodarte, no a matarte. El amor está destinado a curarte. La vida está destinada a enseñarte."

"Cuando me voy con mi ego, entonces no puedo crecer."

"Ninguna vida es inútil. Cada vida tiene un propósito. Incluso aquellos que crees que no tienen ningún propósito. El propósito está más allá de tu marco de referencia."

"El cambio no ocurre como resultado de unos pocos grandes hombres que toman decisiones trascendentales". El cambio ocurre como resultado de pequeñas acciones de un gran grupo de personas simultáneamente."

Es bueno que uno se cumpla dentro de uno mismo, pero son las personas que no se han cumplido las que cambian el mundo, mientras buscan la realización."

"Crecer no está envejeciendo."

"Carácter de auto-negación y sacrificio."

"Parte de la razón de tu existencia es aprender lo que esta existencia te enseña. La lección nunca termina. Las cosas que ves, las historias que escuchas, las cosas que le pasan a otros que conoces y las cosas que te suceden son todas lecciones potenciales. Puede que no sean lecciones para su uso en el futuro inmediato (aunque muchas veces se le advierte sobre algo varias veces antes de que realmente ocurra), pero será útil en algún momento."

"Cuando tu mente, cuerpo y espíritu están sincronizados estás en sintonía con el flujo y reflujo del universo. Cuando estás en sintonía con el flujo y reflujo del universo, ves posibilidades que nunca habías notado antes. Cuando ves el nuevas posibilidades que actúas para crear nuevas posibilidades."
Cuando creas nuevas posibilidades que están en sintonía con el flujo y reflujo del universo, te vuelves uno con el universo. Cuando eres uno con el universo, el universo responde con total aceptación."

"En realidad, lo que hagas sobre cualquier cosa no le importa a Dios, ya que tienes libre albedrío. Te importa. En lo profundo de tu ADN espiritual, sabes lo que está bien y lo que está mal. Es natural hacer lo correcto, natural pero no siempre fácil. Si Karma te atrapa, no es porque Dios haya enviado al Karma para atraparte, sino porque enviaste a Karma a buscarte."

"Aquellos que dejan de crecer, dejan de vivir."

"La esperanza nace con cada nuevo día."

"Crecer no está envejeciendo."

"El objetivo del racismo es deshumanizar a aquellos que son blanco del racismo. La violencia como reacción a la injusticia proporciona munición a los racistas."
-----Del libro "Black in America" de El Profeta de la Vida

"El prejuicio no es un síntoma de la estupidez. Tampoco es un síntoma del mal. Es simplemente un síntoma de ignorancia."

"Muchos están tan atrapados en sus propios problemas que no pueden ver el panorama general. A menudo, ver el panorama general puede darle a uno la perspectiva que hace que las soluciones ilusorias de repente sean fáciles de visualizar. Se puede acceder a una forma de esperanza saliéndose de usted y viendo el panorama completo."

El sufrimiento está en el gran esquema de las cosas. Está destinado a enseñar una lección. Algunas veces se requiere mucha repetición hasta que se aprende la lección. Ambos las personas buenas y malas obtienen los beneficios de la luz del sol. Tanto la gente buena como la mala reciben lluvia para sus cultivos. El caos y el desastre afectan tanto a los buenos como a los malos. La diferencia después de la tragedia es la lección aprendida o no aprendida."

"Solo algo en lo que pensar... la vida es una experiencia de aprendizaje y uno puede elegir reencarnarse o no. La vida es un viaje que tu alma eligió tomar. Todavía hay almas que no han elegido hacer el viaje. Además, cuando miras más allá de este planeta y consideras que la reencarnación no tiene que ser en este planeta sino que puede estar en otro como otro tipo de forma de vida, puedes comenzar a ver una imagen más grande. La humanidad solo tiene alrededor de 137 piezas de un rompecabezas de mil piezas. Todavía hay mucho por revelar."

"Muchas cosas van y vienen en tu vida. Gran parte de la vida (y el tiempo) está llena de corrientes de conciencia que circulan y recirculan. La humanidad está creciendo, cambiando y evolucionando, y tú también."

"La realidad está envuelta en una fantasía cuando tu ego interpreta tu vida."

"El poder de la vida es que cada día ofrece la oportunidad de comenzar de nuevo."

"Los animales tienen una forma de percibir tu verdadera naturaleza y, a menudo, responden en consecuencia."

"Los obstáculos son simplemente lecciones que pueden conducir al éxito."

"Nos enseñaron la religión o la filosofía de vida de la cultura en la que crecimos, pero se espera que crezcamos más allá. Hay muchas cosas en el mundo y lo que has crecido para saber es lo correcto para ti, pero ¿cómo sabrás realmente a menos que ¿Ves qué más hay por ahí? Incluso si nada te satisface, puedes obtener información sobre diferentes pueblos y culturas que ampliarán tu comprensión de las personas en general. Viajar también puede exponerte a diferentes culturas y nuevas ideas que a su vez, ampliará su comprensión de la humanidad y la vida en nuestro planeta."

"La vida es un viaje. Puede que te encuentres en una bifurcación en el camino, pero son las bifurcaciones en el camino las que hacen que la vida sea interesante y nos llevan a nuevas aventuras."

"La vida nos enseña que ignorar un problema no lo hará desaparecer, sino que permite que se convierta en un problema mayor."

"La iluminación puede sucederle a cualquiera que esté abierto a ella. No tiene que ser elegido, simplemente tiene que elegir estar abierto a eso."

"La autoconfianza a menudo proviene de la familiaridad a través de la experiencia. En los atletas proviene de la práctica, en los académicos proviene del estudio. Con frecuencia, cuanto más familiarizado estás con algo, más confianza tienes. Esto se debe a que no hay incógnitas o al menos están minimizadas. Es el miedo a lo desconocido lo que detiene a muchas personas. La familiaridad experiencial que proviene de la práctica o el estudio elimina y / o minimiza lo desconocido."

Vida

"Hay pocas cosas con las que uno puede contar en la vida". Los problemas y la necesidad de cambiar son dos de ellos."

"Una persona cuya mente y espíritu son libres nunca puede ser oprimida."

"La vida es un viaje que tu alma eligió tomar."

"La vida es una prueba que no puedes permitirte fallar."
"La vida es una experiencia de aprendizaje."

"No puedo decirte cómo es comunicarse con Dios. Solo puedo decirte cómo Dios se comunica conmigo. Mi vida se ha llenado de milagros y obstáculos. He conocido maravillosos placeres y asombrosos horrores. Durante años, fui cargado con tormentas de mi propia creación, pero lo he logrado a través de ellas. He tenido un rico tapiz de experiencias. Tus experiencias pueden ser completamente diferentes."

"La vida es una experiencia de aprendizaje y cada experiencia es una lección."

"Yo soy El Capitan de mi vida y yo tengo un diploma para el collegio de las calles."

"El poder de la vida es que cada día ofrece la oportunidad de comenzar de nuevo."

"La vida nos presenta muchas puertas. Algunas puertas parecen detenernos, pero cuando miramos hacia atrás en la experiencia desde el punto de vista del futuro, descubrimos que en realidad nos movieron hacia adelante."

"En la vida, a veces tienes una doncella y otras eres una doncella."

"En la vida, como en la actuación, a veces se juega un extra en el fondo de una escena, otras veces se obtiene el papel principal."

"Vida es cambio. Maestro cambio y puedes dominar la vida."

"La vida es una lucha pero supera la alternativa."

"Aquellos que dejan de crecer, dejan de vivir."

"Cada vida es preciosa. Cada vida es importante Cada vida tiene un propósito."

"El dinero y el poder son fugaces. Son meras ilusiones que pueden llevar a delirios de grandeza y la falsa creencia de que uno no es susceptible a la fragilidad de la vida humana."

"No puedo decirte lo que sucede cuando mueres. Solo puedo decirte lo que me pasó a mí."

"La vida puede ser tu mejor maestro una vez que estás abierto a aprender de la experiencia".
"Mi vida es una serie interminable de milagros. La tuya también puede serlo si te tomas el tiempo para darte cuenta de los milagros que te rodean."

Conocimiento

"El conocimiento es poder, aquellos que aumentan el conocimiento aumentan el empoderamiento."

"No soy mejor que tú. Simplemente estoy mejor informado."

Inspirador

"La imaginación es el combustible para aviones que eleva a la humanidad."

"Aquellos que han hecho lo imposible a menudo no sabían que era imposible cuando lo hicieron."

"Todos hacen la diferencia."

"Cuando tu mundo se derrumba a tu alrededor, es hora de reinventarte."
.
"El liderazgo es un esfuerzo colaborativo."

"De todas las almas que alguna vez vivieron, has sido elegida para vivir en estos tiempos."

"Cuando tu vida es una serie constante de milagros, cada momento se convierte en tu mejor momento, hasta que suceda lo siguiente."

"El mundo cambia gracias a ideas simples puestas en práctica."

"Un nuevo día está amaneciendo, hay una revolución en la psique de la humanidad."

"La persistencia puede derretir la resistencia."

"La planificación incremental y la ejecución sostenida pueden hacer que lo insuperable sea posible."

"El coraje es la capacidad de actuar a pesar del miedo."

"El fracaso no es realmente un fracaso a menos que no aprendas de él."

"El trabajo puede convertir los sueños en realidad."

"La planificación puede hacer que los sueños se hagan realidad."

"Tener un objetivo puede hacer que los sueños se hagan realidad."

"La planificación incremental y la ejecución sostenida pueden hacer que lo insuperable sea posible."

"El equilibrio de mente, cuerpo y espíritu es la clave para prevenir y curar enfermedades."

"Podemos trabajar juntos como una sola raza, la raza humana para sanar el planeta, sanar la cadena alimentaria y sanarnos a nosotros mismos en el proceso. El tiempo para el pensamiento egoísta ha terminado. El tiempo para pensar globalmente y actuar localmente está en el medio de su mandato. El tiempo para pensar y actuar de forma cooperativa está a punto de amanecer."

"La solución a nuestros problemas no radica en el conocimiento y los recursos de ninguna cultura o nación, sino en el conocimiento y los recursos de todos ellos, tanto antiguos como modernos. Tenemos el poder de determinar nuestro futuro. Nuestras acciones de hoy determinarán nuestros beneficios o consecuencias mañana. Ya sea fiesta o hambre, el futuro será un cielo o un infierno creados por nosotros mismos."

"Incluso los más pobres entre nosotros merecen la dignidad de la igualdad."

"Los milagros son una visión que reemplaza la realidad."

"Los milagros ocurren cuando la visión reemplaza a la realidad."

"La motivación positiva es la fuerza de la vida de una generación iluminada
La actitud de "Sí, puedo" funciona mejor cuando tienes un plan."

"Cada vida es preciosa Cada vida es importante Cada vida tiene un propósito."

"No importa qué idioma hable, la madre se deletrea AMOR"

"¿Dónde estarías sin tu madre? No estarías aquí."

Humanidad

"Se necesitan toda clase de personas para hacer la raza humana y todos encajan a su manera."

"La humanidad es un trabajo en progreso."

"Un nuevo día está amaneciendo, hay una revolución en la psique de la humanidad."

"Todos somos únicos y todos tenemos una visión del mundo y una definición de la realidad únicas."

"Todos hacen la diferencia."

"Se necesitan toda clase de personas para hacer la raza humana y todos encajan a su manera."

"Para que la humanidad experimente de manera uniforme una realidad más positiva, primero debemos colectivamente (debe comenzar una persona a la vez) creer que un mundo mejor es posible y luego trabajar para lograrlo. Entonces nuestras percepciones cambiarán y con ello, nuestra realidad."

"No somos capitalistas. No somos comunistas Somos humanistas ". De A New Revolution
 "La humanidad actualmente está cambiando de la pubertad a la edad adulta".
"La era de las creencias y acciones infantiles está llegando a su fin. El tiempo para hacer frente a las responsabilidades adultas está llegando a buen término ".
"Nosotros, como raza humana, deberíamos alejarnos de los estereotipos y avanzar hacia un futuro más brillante, como iguales."

"Como todos son dignos del amor de Dios, nadie es inútil."

Es bueno que uno se cumpla dentro de uno mismo, pero son las personas que no se han cumplido las que cambian el mundo, mientras buscan la realización."

"Se necesitan toda clase de personas para hacer la raza humana y todos encajan a su manera."

"Dios nunca dijo ni los Profetas Mayores que las mujeres son inferiores a los hombres. Los viejos puntos de vista de la vida y las religiones dominadas por los hombres que surgieron de ellos propagaron la idea de que las mujeres son inferiores a los hombres. De hecho, el feminismo es el siguiente paso lógico en la progresión natural de la humanidad. Como creo que las cosas escritas en Revelations of 2012 son el plan de Dios para la humanidad para el próximo milenio, creo que con todos mi corazón es que las mujeres son iguales a los hombres y que la liberación global de las mujeres y la elevación a la condición de iguales a los hombres tendrá lugar."

"Deja que la luz que está dentro de mí brille a través de esta ciudad e ilumine a cada alma dentro de sus paredes. Dejemos que una visión positiva conquiste la superstición y se eleve como una bendición para todos nosotros."

"Declara paz Es hora de sanar todas las cosas que la guerra está hecha trizas. Declara paz No haremos balance en la violencia nunca más. De declarar la paz."

"Tanto sufrimiento y angustia Bourne en esta planicie mundana, tantos atrapados en ella que no pueden ver más allá de su dolor. Grita la sabiduría de las edades, todas las heridas se curan a tiempo. Como un faro para el futuro, brilla la inspiración de que Hope es la respuesta. De Finding God in A Chaotic World, una parte de la serie Revelations of 2012 Beyond Faith."

"La vida no tiene garantías porque el mundo está formado por personas y las personas no vienen con garantías."

"No quiero ser tu dueño. No quiero controlarte Solo quiero ser bueno contigo."
De la canción I Just Wanna Be Good To You

"En tiempos de desesperación, la comunicación interna produce una luz comprensiva."

De la canción One World, One People

"El dolor pica como una herida abierta. Frota con sal y solo florece la amargura. Llegue a la raíz del sentimiento y nace una sabiduría que inicia la curación. Seguimos lastimándonos el juego de Jesús."

"La humanidad no realizará su potencial hasta que todos los miembros de la familia humana tomen una decisión unilateral para abolir la guerra."
"Incluso los más pobres entre nosotros merecen la dignidad de la igualdad", ¬El Profeta de la Vida
Del libro: Revelations of 2012 ISBN # 978-1-93646200-1

"La solución a nuestros problemas no radica en el conocimiento y los recursos de ninguna cultura o nación, sino en el conocimiento y los recursos de todos ellos, tanto antiguos como modernos."

"Tenemos el poder de determinar nuestro futuro. Nuestras acciones de hoy determinarán nuestros beneficios o consecuencias mañana."

"Un nuevo día está amaneciendo, hay una revolución en la psique de la humanidad."

"El tiempo para el pensamiento egoísta ha terminado. El tiempo para pensar globalmente y actuar localmente está en el medio de su mandato. El momento de pensar y actuar de forma cooperativa está a punto de comenzar."

"La humanidad no se dará cuenta de su potencial hasta que todos los miembros de la familia humana tomen una decisión unilateral para abolir la guerra".
"Se necesitan toda clase de personas para hacer la raza humana y todos encajan a su manera".
"El orgullo por la verdadera igualdad es lo que el mundo necesita".
"Lloro por la humanidad porque la humanidad está demasiado ensimismada como para llorar por sí misma".

Un mundo, una persona, dos sexos iguales, doce billones de ojos, seis billones de almas los ven, pero solo una raza y eso es humano. Desde el Song One World, One People

"La humanidad es un trabajo en progreso."

Cielo y infierno

"En la experiencia humana, el infierno de una persona es la existencia de otra persona."

"La entrada al Cielo está restringida. Hay filtros que rodean el cielo. Solo los espíritus puros pueden entrar. Los filtros sacan la mierda de cualquier espíritu que intente entrar. Para la mayoría de las personas cuyos espíritus intentan entrar al cielo, los filtros extraen el equipaje de su encarnación. Todo lo que ingresa es la parte de tu alma que registra lo que hiciste durante tu vida junto con los recuerdos y el conocimiento obtenido de la experiencia."

"El infierno es una cuestión de percepción."

"El cielo existe" Es una ubicación física, pero existe en otra dimensión, una dimensión a la que solo pueden acceder los espíritus. El cielo es un colectivo de almas que no están encarnadas actualmente. El cielo tiene almas del pasado y las almas de este planeta y todas las almas pasadas, presentes y futuras de todas partes que existen, han existido y existirán en el futuro. El cielo está hecho completamente de energía. Esto se debe a que todas las almas están compuestas de energía. Un alma puede describirse como una pequeña bola de energía que puede manifestarse como una pequeña bola de luz. El colectivo acumulativo de todas estas almas ilumina el universo."

"El cielo que esperas es el cielo que obtienes."

"La experiencia del cielo mismo es una cuestión de percepción y se percibe de manera diferente por las almas que están allí dependiendo del estado de su elevación a la verdad. Para aquellos que regresan de una encarnación, puede ser percibido como un lugar donde sus seres queridos los están esperando. Esto se debe a que muchas almas que regresan de una encarnación todavía se aferran a los vestigios de su ego. Sin embargo, después de un período de tiempo, la necesidad de la conexión con las almas con las que se encarnó da paso al propósito más elevado de vincularse con todo el colectivo. Aquí es donde las almas realmente comienzan a comprender las respuestas al tipo de preguntas sobre la existencia profunda que la humanidad ha estado haciendo desde sus inicios."

"El infierno es un picor interminable sin ungüento para sanarlo y sin apéndices para rascarlo."

"El cielo es más que un estado de ánimo."

"Incluso los espíritus más impuros tienen una" Alma pura "que registra su experiencia y conocimiento, pero con espíritus impuros, cualquier conocimiento impuro o experiencias se borran. Los espíritus impuros pueden comenzar a entrar en el cielo, pero los filtros que los rodean sacan gran parte de la basura que se ha convertido en su "Identidad", que los convierte en algo completamente diferente de lo que llegaron a saber de ellos mismos. Una experiencia muy dolorosa e irreversible para cualquier espíritu impuro, pero muy necesario porque las impurezas no pueden existir en el lugar donde el Señor mora."

"Dios reside en todas partes, pero los espíritus residen en un colectivo que muchas religiones llaman cielo. La Fuerza de Dios es fuerte en ese lugar que está en una dimensión diferente. Lo que muchos consideran malo no puede entrar allí y lo malo que está en las almas después de cada vida cae antes de que el alma pueda entrar. El cielo tradicional donde ves a tus amigos, familiares y mascotas es un área de transición para ayudar a aliviar el trauma de la transición de la vida a una existencia completamente espiritual. Infierno, es también un lugar de transición donde las almas pueden hacer penitencia, pero es elegido por el alma misma, no por Dios. Muchos piensan que el Karma es investigado por Dios o por las fuerzas universales, pero en realidad es profundizado por tu propia alma interna que es diferente de tu alma externa."

Miedo

"El miedo puede ser como una prisión. Sin embargo, es una prisión hecha a sí misma. Muchos están aprisionados por el miedo. Nadie más puede liberarlos de esta prisión. Otros pueden inspirarlos, pero deben liberarse."

"El miedo es el purgatorio de mentes sin imaginación."

"Para vencer a un bravucón, debes quitarle todos los aspectos de control."

Fe

"¿Cuál es la diferencia entre un creyente y alguien que tiene fe? Un creyente es alguien que dará un paso hacia lo desconocido porque él o ella cree que Dios los protegerá de cualquier daño. Una persona de fe dará un paso hacia lo desconocido sin saber si estará o no protegida contra el daño, pero sabiendo que es la voluntad de Dios que lo hagan y, por lo tanto, el daño no es un problema importante."

"La fe no puede protegerte del desastre, puede ayudarte a recuperarte de ella."

"La verdadera fe no necesita milagros ni desea realizarse para sostenerse a sí misma."

"La verdadera fe no necesita milagros ni desea realizarse para sostenerse a sí misma. El Señor no es tu hada madrina."

"No intento cambiar la fe de nadie ni convertirlos a mi forma de pensar. Simplemente ofrezco información desde una perspectiva que tal vez no hayan considerado."

"Los tiempos difíciles están destinados a poner a prueba el carácter de uno y tal vez incluso la fe de uno."

"De vez en cuando puedo perder la fe en mí mismo, pero nunca he perdido la fe en el Señor."

"Siempre he tenido fe, pero mi fe se ha profundizado a medida que avanzaba mi vida."

"Los desastres naturales son parte del funcionamiento del universo y no un castigo de Dios sobre una comunidad en particular. La oración no está destinada a producir un milagro que te salve del sufrimiento y el desastre, lo que debe suceder sucederá. La oración y la fe te ayudan a enfrentarlo. Muchas personas sienten que no hay Dios después de haber sufrido, pero la fe lo ayuda a través del sufrimiento, no lo previene, así que culpan falsamente a Dios porque su ego les dice que Dios debería haber evitado que el desastre o el sufrimiento les suceda." --- El Profeta de la Vida

"Puede haber algo de Karma en juego, si, por ejemplo, el desastre es el resultado del calentamiento global y cada persona ha contribuido en vidas pasadas y en su vida actual."

"Sin embargo, muchos desastres ocurren debido a la negligencia de la humanidad o las fuerzas naturales. Las fuerzas naturales no ocurren porque Dios quiere obtener un grupo particular de personas. Las fuerzas naturales ocurren porque así es como Dios estableció el sistema en este planeta. El propósito de la vida es enseñar lecciones. Tanto la persona que sobrevive y la que no aprende una lección de la experiencia. La diferencia es que el que está vivo puede contarles a sus amigos y familiares la lección que aprendieron y al hacerlo puede darles el don de permitirles aprender del error de otro en lugar de tener que cometer el error ellos mismos." --- El Profeta de la Vida

"La fe es caminar un camino a través de la oscuridad, sin saber dónde están los obstáculos, donde el camino te llevará, pero caminar, por el camino, a través de la oscuridad, de todos modos."

"Encuentro la noción de la fe como una protección contra el sufrimiento o el dolor particularmente interesante. La fe está más allá del dolor y el sufrimiento. La gente a menudo mira la fe desde su propio punto de vista en lugar de desde el del Señor. La gente a menudo reza por las cosas que quiere con alguna expectativa de cumplimiento de deseos. El Señor no es tu hada madrina. La verdadera fe no depende del cumplimiento del deseo o de los milagros para sostenerse a sí mismo."

"Cómo creer puede cambiar el mundo."

"La creencia es algo poderoso. La creencia es lo que motiva a la humanidad a hacer casi todo lo bueno y lo malo. La creencia ha ayudado a crear todo lo que se inventó, la creencia ayuda a determinar la percepción y tu percepción determina tu realidad. a través de la comunicación, puede extenderse a decenas, cientos, miles, millones e incluso miles de millones. Para que la humanidad experimente de manera uniforme una realidad más positiva, primero debemos creer colectivamente que un mundo mejor es posible y luego trabajar para lograrlo. Entonces nuestras percepciones cambiar y con ello, nuestra realidad."

Muerte

"La muerte puede ser una experiencia gratificante espiritualmente. Se te dan muchas piezas de tu rompecabezas personal y se responden muchas preguntas planteadas en tu viaje de vida."

"Cuando morí, me convertí en una bola de luz pura."

"Mi experiencia de la muerte fue diferente de la mayoría, pero una vez más fui más joven que la mayoría cuando sucedió. Me llevó años descubrir lo que significaba y luego solo a través de sueños y otras comunicaciones."

Mi muerte

"Cuando era muy joven tenía unos dos años cuando morí. Tuve convulsiones y mi abuela lo vio y tuvo un ataque al corazón. Cuando llegaron los paramédicos me declararon muerto y se pusieron a trabajar con mi abuela. Varios minutos después, un médico que pasaba vio la ambulancia y entró para ver qué estaba pasando. No sé por qué lo hizo, pero supongo que uno de mis guías espirituales lo guió hasta allí. Entró y los paramédicos le dijeron que estaban trabajando en Granny y yo estaba muerto. El doctor luego me revivió (probablemente no creo que esas máquinas de electroshock existieran en la década de 1950). Estuve en coma en hielo durante 8 semanas."

"Mi experiencia de la muerte fue vívida, pero de niña no entendí nada de eso. No entendía por qué había una luz que brillaba en el techo de mi cuarto oscuro cuando era pequeño o por qué conocía a personas que se llamaban ángeles o por qué las personas que conocía se acercaban a mí cuando morían o por qué los fantasmas me buscaban y por qué seguirían mis instrucciones. Cuando estaba en mi adolescencia tuve una serie de sueños que reprodujeron mi experiencia de muerte pero a cámara lenta. Esto reveló una gran cantidad de matices que habían estado desaparecidos anteriormente. Los matices hicieron la diferencia."

"Todos morimos. La muerte es una parte de la vida tan natural como la respiración."

"Nadie realmente muere, solo cambiamos los niveles de comprensión."

"El camino de nuestra experiencia de vida continúa más allá de la muerte y todo lo que se gana a través de la experiencia de vida se devuelve al Señor."

"Mi experiencia de muerte fue diferente a otras que he escuchado. No estaba en un túnel oscuro con una luz al final. Yo era una pequeña bola de luz que atravesaba el espacio exterior hacia lo que se parecía a la Vía Láctea, a una gran velocidad. Mientras me movía hacia el cúmulo de estrellas, otras bolas de luz pasaron volando a mi lado en una dirección opuesta haciendo silbidos al pasar. Cuando volví a la vida, estaba en coma por ocho semanas Volví a visitar esta vez a través de una serie de sueños, durante un período de años. Llegué a verlo en cámara lenta y, cuando disminuyó la velocidad, las bolas de luz que pasaban me decían cosas. Algunas de estas cosas han sido la base de parte de mis escritos."

"Es un hombre de negocios, es internacional". Elige tu veneno y los tiene a todos. Un arma para resolver su problema, un medicamento para aliviar su dolor, trabajo infantil o ropa ensangrentada, lluvia nuclear."

"Está recorriendo tu calle en busca de almas para llevar. La miseria está a su lado, la destrucción a su paso. Él monta las huellas de la aguja de tu alma, las cicatrices de la codicia y la lujuria. La carne y la sangre se derriten ante él, los sueños se convierten en polvo."

"En el lugar donde fui cuando morí, había todas las almas, pero cuando volví al mismo cuerpo, volví con una comprensión de la claridad diferente de la que la mayoría de los vivos no tiene. No hay una mejor claridad, porque, en realidad, no hay mejor o peor, solo una claridad diferente. Cuando estuve allí, el tiempo se detuvo y los momentos se extendieron más allá de nuestra comprensión del tiempo. Ahora, para mí, hay una entrada entre los vivos y los muertos. Los muertos me conocen y saben de mí. Ambos son atraídos y rechazados por mí porque no entienden cómo alguien puede registrarse como alguien muerto como ellos, pero ser carne en el mundo material. Lo entiendo, porque es mi viaje. El viaje de cada persona es diferente, y ya sea que lo creas o no, la vida de todos tiene un propósito que finalmente enriquece a lo que es Dios."

Libro 3
Para Revelaciones de 2012 Serie…
Encontrar a Dios en un mundo caótico

Capítulos
- Prefacio
- Extracto de la Muestra: Introducción… Mi Dios
- La Naturaleza del Señor
- El Señor es Dios del Universo
- El Señor se comunica con todos
- El Señor ama a todos
- Religión e Iluminación
  - Dios es portátil

- El fin no está cerca
- El Cambio de Paradigma
- Al principio

Copyright 2010, 2011, 2012, 2014, 2015, 2018. Loveforce International Publishing Company. All Rights Reserved. Todos Derechos Reservados.

Prefacio

El mundo puede parecer muy caótico en estos días. La humanidad está cambiando constantemente y evolucionando. Los avances en la ciencia han hecho posible viajar miles de millas en cuestión de horas. Podemos mantenernos en contacto con personas que nos importan e incluso con el mundo en general con sólo presionar un botón. Muchas de las enfermedades que han plagado a la humanidad durante siglos han sido aniquiladas. Sin embargo, todavía hay pobreza. Todavía hay hambre. Todavía hay enfermedad. Todavía hay guerra. Todavía hay injusticia.

Miles de millones de personas desean acercarse a Dios. Ellos son atraídos hacia las religiones establecidas o hacia la espiritualidad, pero aun así, se sienten insatisfechos. Tienen muchas preguntas que quedan sin respuesta. Ellos oran, hablan con los líderes religiosos, hablan con otras personas pero aún nunca encuentran las respuestas. Quieren hablar con Dios pero no saben cómo.

Otros sienten que están fuera de contacto con Dios. Se han vuelto inseguros si Dios existe. No ven ninguna evidencia de que Dios trabaje en su mundo o en sus vidas personales. No pueden encontrar consuelo en la religión establecida, pero no saben cómo encontrar a Dios por sí mismos.

Todavía otros saben que el fin está cerca. Ellos ven las señales por todas partes. Ellos señalan a cualquier desastre natural, cada guerra, cada hambre, cada nueva enfermedad que se descubre y cada mala cosa hecha por la humanidad, como evidencia.
    Están esperando a que Dios salga del cielo y rescate a su grupo y envíe a todos los demás al infierno.
    El final no está cerca. El final no está aquí. Lo que el mundo está experimentando no es el fin de los días, sino un período de transición. La humanidad está experimentando dolores de crecimiento. Y al igual que otras veces cuando la humanidad estaba en un período de transición, Dios ha enviado un mensajero con información para ayudar a guiar a la humanidad durante este período.
    Dios existe. Dios está trabajando en nuestro mundo. Dios está trabajando en nuestras vidas. Dios se comunica con la humanidad y Dios se comunica con ustedes. ¿No recibiste los mensajes que Dios te ha enviado en tu vida? Algunos que pronuncian esa frase le dirán que el mensaje está en una escritura en particular y luego tratan de interpretarlo. De eso no es lo que estoy hablando. Dios se comunica con ustedes. Dios te envía mensajes personales. Por lo general no están por escrito.

Muchos te dirán que "El Señor obra de maneras misteriosas". Lo que realmente te dicen es que no saben la respuesta. El Señor no trabaja de maneras misteriosas. Hay un propósito y belleza en todo lo que Dios hace y aunque muchos no lo notan, está ahí para aquellos que saben qué buscar.

Este libro le dice cómo el Señor se comunica con usted. Este libro le enseñará muchas cosas nuevas acerca de Dios. Cosas que nunca habías oído antes, pero cosas que de alguna manera tendrán sentido. Si aprende la lección que este libro está destinado a enseñar, comenzará a ver el mundo de manera diferente. Usted comenzará a ver su vida de manera diferente. Usted verá el propósito en algunas de las cosas que usted siempre ha pensado que eran sin propósito. Este libro no es un intento de convertirle a una nueva religión. Sea cual sea la religión que esté actualmente sigue esta bien, siempre y cuando funcione para usted.

Este libro le dará una manera diferente de mirar a Dios. El conocimiento dentro de estas páginas puede restaurar su fe. Puede aliviar su carga. Puede mostrarle el Dios que he llegado a conocer, un Dios que no ladra órdenes sino que hace sugerencias. Un Dios que no es celoso o vanidoso. Un Dios que no castiga pero enseña lecciones. Si quieres saber de Dios te invito a que sigas leyendo.

Un extracto de: La sección de los Salmos de este libro:
Dios mío

Mi Dios no exige que las personas sigan órdenes como robots y no amenaza a las personas con la condenación eterna para mantenerlas en línea porque son acciones egoístas y Mi Dios no es egoísta.

Mi Dios no castiga a la gente por desobedecerle Mi Dios provee oportunidades de aprendizaje para que puedan aprender lecciones y mejorar su comportamiento a través de un entendimiento más alto en lugar de por miedo de un castigo.

 Mi Dios no permanece en silencio cuando la vida de las personas parece estar cayendo a pedazos, Mi Dios se comunica con la gente a través de la Palabra, a través de eventos y a través de otras personas que entregan mensajes.

Mi Dios no ha dado a un grupo de personas una exclusividad en La Palabra. Mi Dios no ha reservado un hogar eterno para los pocos escogidos. Mi Dios da la bienvenida a todos los que quieren conocer mejor a Dios.

Mi Dios es un amante de la igualdad de oportunidades y ama a todos los seres vivos por igual no importa qué forma tomen. Toda vida es preciosa para mi Dios y una bondad para cualquier forma de vida es una bondad para Dios. Tomar la vida de cualquier forma de vida es tomar una parte de Dios que el tomador no tiene la capacidad de restaurar.

Mi Dios no juzga a las personas por su raza, religión, orientación sexual o condición económica porque Mi Dios sabe que estas son cosas con las que todas las personas nacen, un punto de partida. Mi Dios no mira en donde empiezas. Mi Dios mira cómo has crecido más allá de tu punto de partida y de lo que has aprendido de la experiencia que llamamos vida.

Mi Dios no necesita juzgar a la humanidad porque Mi Dios ha dado un sentido espiritual a todas las personas, y una parte objetiva de ese sentido permite que todos los espíritus hagan juicio sobre sí mismos.

Mi Dios entiende que la humanidad sólo puede entender las cosas dadas, la información que pueden comprender. Esta información se llama La Palabra.

Mi Dios envía profetas para entregar la Palabra en momentos que paralelamente la humanidad aváncese y tenga la capacidad de entender más. Aunque Dios sigue siendo el mismo, la Palabra cambia constantemente a medida que se añade nueva información a lo que se conoce como humanidad cuándo la humanidad ha avanzado lo suficiente para comprenderla.

La voluntad de mi Dios siempre se hace y mi Dios siempre gana porque Mi Dios existe en el pasado, presente y futuro simultáneamente. Mi Dios es el amo del tiempo y puede cambiar cualquier resultado, en cualquier momento durante el pasado, presente o futuro.

Mi Dios tiene un plan maestro en el que cada alma tiene un papel. Mi Dios tiene una misión para cada persona. Mi Dios ha proporcionado herramientas para que cada individuo descubra cuál es su misión.

Mi Dios es tu Dios. Mi Dios es el mismo Dios al que has estado orando sin importar tu religión. Si crees que sabes todo acerca de Dios o no sabes algunas o todas estas cosas, ¿realmente conoces a Dios?

Más información puedar en google the prophet of life ministries

Capítulo uno
El Senor
"Porque el Señor así ama toda la vida, que todos los seres vivientes están dotados de una parte del Señor"

Todos, se den cuenta o no, creen en un poder superior. Diferentes filosofías tienen diferentes nombres para este poder superior. Yo llamo a este poder superior El Señor. La suma total del conocimiento de la humanidad sobre El Señor probablemente consiste en 137 piezas de un rompecabezas de mil piezas. La esencia de El Señor no cambia, la percepción de la humanidad sobre El Señor sí. La raza humana ha llegado a una mayor comprensión de sí mismos y de El Señor en incrementos durante largos períodos de tiempo.

El Señor existe en el pasado presente y futuro simultáneamente. Esta es la razón por la cual la humanidad necesita aprender la Palabra de El Señor se incrementa a lo largo del tiempo, porque mientras el Señor existe en el pasado, presente y futuro simultáneamente, estamos limitados a un plano de existencia. Nosotros, como raza (humanidad), hemos existido en el pasado, existimos en el presente y existiremos en el futuro, pero nosotros, como seres únicos, existimos en un plano de existencia. Lo llamamos nuestro presente. Tenemos un pasado y un futuro, pero en el gran esquema de tiempo, el período de nuestra existencia individual es tan minúsculo que equivale al presente. La mayoría de nosotros no tiene la capacidad de doblar el continuo espacio / tiempo y retroceder en el tiempo y cambiar las cosas. La mayoría de nosotros no tenemos la capacidad de ir al futuro y ver lo que contiene. Sin embargo, algunos de nosotros podemos, a través de la clarividencia, ver el futuro y todos podemos, de alguna manera, volver a visitar el pasado a través de nuestros recuerdos.

El Señor no es ni masculino ni femenino. El Señor no es humano, ni animal, ni vegetal, ni mineral. La humanidad tiende a mirar al Señor como una persona o ser, pero el Señor es en realidad una fuerza que puede manifestarse como un ser pero no tiene que hacerlo. El Señor está en todas partes donde la vida está presente. El Señor tiene una presencia espiritual donde la vida no está presente. Cada ser vivo en este planeta y en cualquier otro lugar tiene una conexión directa con El Señor.

El Señor tiene presencia en otros planetas, en otros sistemas solares y en otras galaxias. El Señor es conocido por muchos de los seres que viven en nuestro universo y más allá. El Señor no es conocido con el mismo nombre, pero el Señor es conocido y se siente la presencia del Señor. La historia de la Creación no es exclusiva de la humanidad y es común entre las formas de vida en muchos otros planetas. Un escenario de resurrección y regreso futuro, similar a la historia de Cristo también es común. No todos los seres, todas sus culturas o todos los planetas conocen a El Señor o creen en El Señor.

Todos los seres vivos y espirituales están dotados con una parte de Dios. Todos tenemos un gene de Dios en nuestro ADN, no en nuestro ADN físico, en nuestro ADN espiritual. Todos los seres vivos en nuestro universo y más allá también están dotados con el ADN espiritual del Señor.

Algún día, los científicos podrán cuantificarlo, localizarlo y medirlo. Saber que cada ser viviente está dotado de una parte de Dios puede ayudarlo a comprender cómo funciona Dios.

El Señor es un rompecabezas. Todos somos piezas del rompecabezas. Somos todos los que vivimos, hemos vivido y viviremos. Somos humanos pero estamos más allá de lo humano. Somos plantas, animales y toda la parte de El Señor que está en nuestro ADN espiritual está en todos y en todo el ADN espiritual de los demás. Para salvar una vida es guardar una pieza del rompecabezas. Tomar una vida es tomar una pieza del rompecabezas. La vida es preciosa más allá del valor de la vida. Toda la vida es preciosa en la experiencia que trae al universo y al Señor.

El Señor no es un solo ser. El Señor es la suma total de todos los seres, pasado presente y futuro. El tiempo del Señor es multifacético. Pasado, presente y futuro existen simultáneamente. El tiempo humano solo se vive en el presente. Es por eso que el Señor solo puede ser revelado a la humanidad en incrementos, porque las piezas del rompecabezas forman una imagen en sucesión y no todas las piezas han sido reveladas aún, ya que no todos los seres han vivido todavía. Los seres vivos conocidos y desconocidos por la humanidad y en planetas y galaxias y dimensiones más allá de nuestra tierra.

El Señor no evolucionó. La comprensión de la humanidad sobre el Señor lo hace. El Señor ha sido el mismo, pero nosotros, como humanos, solo sabemos un poco sobre el Señor. Los profetas han dado a la humanidad vislumbres de El Señor a través de las edades. Las religiones han interpretado y reescrito los escritos originales de Los Profetas en un esfuerzo por inculcar los valores que creían que el Señor (y el liderazgo de cada religión en particular) quería inculcar en sus seguidores y conversos. La sabiduría infinita del Señor solo le permite a la humanidad obtener lo que la humanidad necesita de manera incremental, dependiendo de la evolución de la raza humana. Estas cosas se revelan a través de los profetas del Señor.

Un buen número de humanos, juzgan a otros que no están basados en la Ley de Dios, sino que se basan en la percepción de las Leyes de Dios con las que hemos crecido para creer, o por medio del estudio o la experiencia, han llegado a creer. Creen que su religión es la correcta y que todos los demás están equivocados. Creen que su pueblo pasará al cielo y todos los demás están condenados al infierno. No se dan cuenta y ni siquiera pueden comprender que la religión que tengan no importa. Ni siquiera tienen que tener una religión para venir al Señor. Todos llegan eventualmente al Señor, incluso los ateos. El Señor está más allá de la percepción de la mayoría, pero no de todos nosotros.

El Señor habla con todos, pero la mayoría de la gente no sabe escuchar. Algunos creen que si no escuchan una voz que diga "De acuerdo, terrícola débil, esto es Dios hablando". El Señor no les está hablando. Otros creen que cuando van a la iglesia o templo que su sacerdote o rabino u hombre santo o cualquier representante religioso que elijan, está hablando en nombre de Dios. Ellos realmente no entienden a Dios, solo piensan que lo hacen. Hay otros, llamémoslos los iluminados, que sí escuchan cuando el Señor habla porque han aprendido a escuchar.

El Señor habla con las personas indirectamente a través de los eventos y a través de otras personas y seres vivos. A menudo, pero no siempre, el Señor usa una trilogía para hablarle a la humanidad. Los mensajes a menudo se envían por triplicado. A menudo no son enviados por el mismo mensajero. Se ha dicho que el Señor te habla primero en un susurro, luego un grito y luego un alarido.

Para simplificar en exceso cómo esto puede funcionar, imaginemos que el Señor está tratando de comunicar que alguien que está en peligro de sufrir un ataque al corazón. Quizás la persona en cuestión se siente un poco sin aliento cuando sube unas escaleras. Él puede pensar "Tal vez debería ver a un médico". Él termina sin hacer nada. Luego, unos días después, un compañero de trabajo puede decir "¿Estás bien? Te ves un poco agotado". Oye las palabras, pero no se registran como una advertencia para ir a un médico. Luego, unos días después, tiene dolores en el pecho. En este punto, la mayoría de la gente probablemente reciba el mensaje.

Se ha dicho y escrito que el Señor obra de maneras misteriosas. Esto es cierto para muchos. Aquellos que están familiarizados con los caminos de El Señor tienen una comprensión más profunda de la belleza y la corrección de cómo trabaja el Señor. No es tan misterioso como pueda parecer primero. El Señor trabaja a través de seres vivos y espirituales. Estos seres actúan como Agentes del Señor. Todos actuamos como agentes del Señor en un momento u otro, a menudo, sin darnos cuenta.

Los agentes del Señor actúan en nombre del Señor. A menudo lo hacen trascendiendo su propia existencia y las infatuaciones y problemas asociados con ella y tratando de ayudar a los demás. En la ilustración anterior, la persona que le dijo a la posible víctima de un ataque cardíaco que parecía un poco agotado estaba actuando como un Agente del Señor. Las personas que ayudan a otros a través de actos de caridad o bondad y especialmente aquellos que inspiran a otros a ayudar a otras personas y / u otros seres están actuando como Agentes del Señor.

Oprah Winfrey es un ejemplo perfecto de un agente del Señor porque no solo actúa en nombre de los demás, sino que también inspira a otros a ayudar a otras personas y otros seres a gran escala. Ella puede ser multimillonaria pero es una persona que verdaderamente merece las recompensas que le otorgaron. Fue un viaje largo y a veces difícil para ella llegar a donde está hoy, pero ella superó la adversidad y actúa desinteresadamente porque ha logrado la iluminación en cierta medida.

Dado que todos los seres vivos tienen una parte de Dios en su espíritu, dañar a los demás es dañar una parte de Dios. Matar a otros es matar a una parte de Dios. Ayudar a otros es ayudar a una parte de Dios. La bondad por el bien de la bondad puede estar actuando como un Agente del Señor. Al ayudar a los que conoce y especialmente a los extraños, puede actuar como un agente del Señor. Los actos de perdón y misericordia para otros pueden ser actos como Agentes del Señor.

La gente vive y ríe y ama. Ellos sufren al enfermarse y morir. Este es el destino de todos los seres vivos. Las personas que eligen vivir con mera fe y sin acción viven vidas semejantes. Las personas que viven vidas de fe que actúan para beneficiar a otros viven con el poder de otorgar las bendiciones del Señor a los demás.

Capitulo dos

El Señor es Dios del Universo

"El Señor es Dios más allá de este planeta y conocido por los seres de todo el universo".

Dios es el Señor de nuestro planeta. Pero Dios también es el Señor de cualquier otro planeta. Dios es el Señor no solo de las personas y los seres que viven en nuestro planeta, sino también de los seres que también viven en todos los demás planetas. Hay muchos otros universos y galaxias. Hay millones de planetas. Hay billones de seres vivos. Dios es el Señor de todos ellos.
Dios es el Señor de los planetas, lunas y asteroides con vida. Dios es el Señor de los planetas, lunas y asteroides sin vida. Dios envía Profetas a muchos de estos planetas. Los seres que viven en muchos de estos planetas son creyentes. Yo, los cinco Profetas Mayores que me han precedido, y los siete que me seguirán comprenden los 13 enviados a la población humana en nuestro planeta. Otras especies en nuestro planeta también tienen Profetas. Otros planetas tienen Profetas diferentes.

Los mensajes revelados por Dios a otros Profetas en otros planetas son en la mayoría de los casos, similares a los revelados en nuestro planeta. Antes de venir, los mensajes fueron diseñados exclusivamente para la gente de nuestro planeta. Dado que soy el primero de los dos enviados de los Profetas de transición, estoy presentando este concepto para que la humanidad pueda comenzar a ver el panorama completo porque eso es lo que la humanidad necesita para avanzar hacia convertirse en verdaderos ciudadanos del universo.

Mis predecesores han dicho que Dios es el Señor del Universo, pero las generaciones anteriores de la humanidad no han sido capaces de entender completamente lo que eso significa. Las generaciones anteriores nunca habían viajado al espacio exterior. Ni siquiera entendieron que hay vida en otros planetas y que nuestro planeta no era el centro del universo. Aquellos actualmente vivos, a través de datos científicos, tienen acceso al conocimiento de que hay más en el universo que solo nosotros.

Lo sé porque espiritualmente, soy parte de la corriente de conciencia que fluye a través del universo y aunque mi cuerpo nunca ha viajado a otros planetas, mi alma ha existido para mi alma desde el comienzo de los tiempos. Si bien he seguido de cerca los avances en este, mi planeta de origen, mi alma también está al tanto de los desarrollos en otros planetas.

La gente a menudo dice que si hay vida en otros planetas, ¿por qué no han venido aquí y se han presentado a nuestros líderes? ¿Por qué no han intentado comunicarse con nosotros al menos? Antes que nada, ¿cómo sabes que no lo han hecho? En segundo lugar, la humanidad, durante varios milenios, creyó que nuestro planeta era el único planeta con vida o que nuestro planeta tenía las formas de vida más avanzadas del universo. Nada más lejos de la verdad.
Nuestra especie es bastante neandertal en su desarrollo y los seres en otros planetas nos miran como una especie que necesita mucho desarrollo. ¿Por qué otros seres de sociedades más avanzadas quieren venir hasta aquí y trabajar tan duro para ayudarnos y también para tratar con nosotros?

Capítulo tres

El Señor se comunica con todos

"Todos reciben mensajes de El Señor".

El Señor se comunica con todos, pero ¿cómo determinas cuál es el mensaje? Algunos mensajes están destinados a personas, otros a comunidades. Algunos mensajes son obvios, otros no. Hay ciertas cosas en las que el Señor nunca te enviará un mensaje que hagas algo como, matar a alguien, violar a alguien, molestar a alguien, intimidar o dañar a alguien o algo. Estas son todas las ideas creadas por la persona que las está perpetrando. Pueden reclamar "Dios les dijo que lo hicieran", pero están siendo engañados para que piensen eso por algo que no sea Dios (probablemente su propio ego).

¿Por qué, puedes preguntar, se permite que los déspotas derrumben naciones en ruinas? Puede que no haya ningún mensaje porque la gente de esa nación permitió que ese déspota tomara y retuviera el poder. Por otro lado, podría haber un mensaje para la población de esa nación: "Permitiste que esta persona hiciera todo esto, si quieres que pare, debes detenerlo".

Hay algunos lugares en el mundo que simplemente son golpeados por una sucesión de malos eventos. Algunos pueden preguntar, "¿Por qué Dios permite esto? "Otros pueden creer que Dios está castigando a la gente de ese lugar por los males pasados o presentes que han cometido. En realidad, ese puede no ser el mensaje en absoluto. El mensaje puede ser para el resto del mundo "Estas personas necesitan ayuda, ¿por qué no las ayudas?"

Los mensajes del Señor casi siempre son positivos y beneficiosos. Le piden que tome una acción positiva, a veces para que beneficie a usted mismo, pero más a menudo, beneficia a los demás. El Señor nos cuida a todos, simplemente no siempre vemos cómo. A veces, el Señor le da un mensaje a otra persona a la que se le pide que actúe como un Agente del Señor en un caso particular.

Saber esto puede ayudarlo a aprender a leer los mensajes de El Señor que no siempre son obvios. En lugar de esperar a que El Señor salga del cielo y rescatarlo de su situación, o esperar que una voz caiga desde los cielos, puede aprender a ver dónde está su salvación escuchando a otras personas que no tienen ningún motivo para te apunta hacia eso. No necesita buscarlos; te buscarán, ya sea por interés o por observación.

A menudo, las personas que lo conocen y que están realmente preocupadas por su bienestar le dirán que haga algo beneficioso para usted. Puede ser algo tan simple como "Ponerse a dieta". Tan profundo como "Necesitas ver a tu médico". La mayoría de las personas ignorarán a aquellos en sus vidas que les aconsejan hacer algo que saben que es beneficioso pero que sienten es demasiado difícil o consume mucho tiempo. De lo que no se dan cuenta es que el Señor a menudo imbuye a las personas que se usan como agentes con un sentido de urgencia o pasión, de modo que transmitirán el mensaje de una manera que permite al destinatario realmente estar aquí. A menudo es el destinatario el que ignora el mensaje porque no lo percibe como un mensaje potencial del Señor, sino como una preocupación excesiva o incluso como una ofensa de alguien a quien ellos conocen, pero que son consejos y mensajes que regularmente desconocen. Esta es una razón por la que debes respetar a tus padres porque a menudo actúan como Agentes del Señor en tu nombre.

 Es importante recordar que los Agentes del Señor son meramente mensajeros, no trabajadores sociales psiquiátricos. Ellos son meramente personas, no Ángeles. Entregan el mensaje de la mejor manera que saben hacerlo, a menudo sin siquiera saber que es el Agente del Señor en ese caso. Por lo tanto, son propensos a cometer errores. Lo mejor es escuchar el mensaje sin juzgarlo por su impresión del mensajero.

Capítulo cuatro

El Señor ama a todos

"El amor de Dios ve más allá de las imperfecciones".

El Señor ama a los ateos. Hay lugar en el gran plan del Señor para ateos y no creyentes. No creen en el Señor, pero el Señor cree en ellos. Los ateos y los no creyentes prueban la fe de los creyentes. En esto, juegan un papel necesario. Caminan por un camino diferente, pero su camino también los lleva al Señor, simplemente no se dan cuenta.

Muchos han llegado a esa elección en particular un estilo de vida ya sea como resultado de algo malo (pérdida de fe) y su sensación de que el Señor no intervino en su nombre cuando esperaban que el Señor lo hiciera. Otros no creen porque tienen el "Síndrome de la Duda Thomas". Deben de ver pruebas indiscutibles de que El Señor existe.
En realidad, hay una prueba a su alrededor, simplemente no saben cómo verla o verificarla. Vivimos en un mundo de pruebas y tribulaciones pero también en un mundo de milagros. Los milagros, tanto grandes como pequeños suceden a diario. Búscalos y, si miras detenidamente, comenzarás a verlos.

El Señor ama a los homosexuales. Las personas homosexuales van en contra de las normas de la mayoría de la gente y la mayoría de las normas son sociales. Están obligados a sufrir por ser diferentes. El sexo es simplemente un impulso biológico, un impulso biológico muy poderoso, concedido, pero simplemente un impulso biológico. El amor es lo que importa. Cuando dos personas, dos personas que se aman, es una cosa realmente hermosa. El Señor ama a todas las personas por igual, ya sean hombres, mujeres o transgénero. Muchos los condenarían al infierno por ser homosexual, bisexual o transgénero. El Señor no. Cada persona es juzgada por el Dios Gene dentro de su ADN espiritual. La orientación sexual es parte de los factores determinantes de cada persona. No es tan importante como el color de su piel, raza o religión.

El Señor ama a todos los que odias. Todos los que alguna vez ha odiado, debido a su carácter, conducta, raza, religión, ateísmo, orientación sexual, etnia, origen nacional o cualquier otro factor determinante o rasgo, son amados, honrados, apreciados y respetados por El Señor. En esencia, solo hay una raza que El Señor reconoce de la humanidad. Esa es la raza humana. Todos los pensamientos airados, las condenas, los malos tratos, las torturas, los asesinatos y las guerras comenzaron en nombre de la humanidad, pero especialmente en nombre del Señor son completamente inútiles porque realmente todos estamos en el mismo barco.

Hay quienes te dirán que el Señor sí ama a estas personas, pero que las condena al infierno porque no creen de una forma u otra, o no están iluminadas o porque son de carácter humilde o no son como "nosotros", el los escogidos. Hay otros que creen que cualquiera de estos "otros" humildes se puede salvar si se convierten a una religión o estilo de vida en particular. En realidad, nadie tiene que salvarte, puedes salvarte a ti mismo. Nadie más tiene el derecho de juzgarte porque, al final, a través de tu Alma Perfecta, te juzgas a ti mismo. Usted salva y se juzga a usted mismo según los estándares del Señor, no según los estándares de otras personas, religiones o culturas que ellos han creado.

El Señor amó toda la vida tanto que toda la vida está imbuida de una parte de El Señor. Cada uno de nosotros tiene una parte del ADN Espiritual del Señor dentro de nosotros. Tu ADN espiritual es el núcleo de tu alma original. Es la parte de ti que existía antes de tener una raza, una religión o cualquier prejuicio. Es la parte de ti que conoce el bien del mal, que conoce la verdad y sabe que todos somos un pueblo bajo la misma sangre. Es la parte de ustedes que sabe que cómo tratan a cualquier ser vivo es cómo tratan al Señor porque todos los seres vivos también tienen al Dios Gene en su ADN espiritual y también son parte de Dios. Es la parte de ti que mira más allá de tus factores determinantes y ve lo que se te ha dado y lo que has hecho con él. Lo que has hecho por ti mismo al encontrar y cumplir la misión de tu vida, lo que has aprendido de tu viaje que puede enriquecer lo que es El Señor y lo que has hecho para ayudar a otros seres vivos. El resto de las cosas que has acumulado a lo largo del camino, el equipaje que has elegido conservar, y tu ego, todas esas cosas no son más que basura adherida a tu Espíritu. Son parte de lo que ha estado nublando su visión del mundo, pero su Alma Perfecta, su ADN Espiritual ve su vida y su propósito más claramente y está en una mejor posición para juzgar sus logros o la falta de ellos.

Capítulo Cinco

Religión e Ilustración

"La religión puede conducir a la iluminación, pero la iluminación puede lograrse sin religión".

Como ya lo dije antes, no vengo a profanar la santidad de la Palabra como se revela a los Profetas ni a las religiones que se han establecido en sus nombres. No he venido a amenazar a las religiones establecidas, ni a sus comunidades mundiales, pasadas, presentes o futuras porque no vengo a establecer una nueva religión. De hecho, vengo a verificar su necesidad de humanidad.

Si quieres saber qué es El Señor, mira las escrituras de varias religiones. No solo el Antiguo y Nuevo Testamento, sino también el Corán, el Bhagavad Gita, las escrituras de Buda, Bahá'u'lláh, el Libro de Mormón y muchos otros. El Señor se refleja en todos ellos. Todos ellos contribuyen (pero ninguno de ellos tiene el monopolio) al hermoso tapiz que es Dios. Hay muchos Profetas que han venido antes que yo y muchos de ellos han recibido parte de La Palabra. El Señor se refleja en sus palabras originales cuando el Señor se refleja aquí.

Las religiones proporcionan un marco a través del cual las personas pueden anclar sus creencias en El Señor y vincularlas a sus vidas diarias. Proporcionan una estructura social a través de la cual las personas pueden adorar al Señor con una comunidad de pares. Mucha gente necesita una religión y una comunidad religiosa para ayudarlos a superar las muchas oportunidades de sufrimiento que presenta la vida.

Cuando las cosas realmente se ponen difíciles y las personas tienen que enfrentar consecuencias nefastas por sí mismas, no le rezan a su iglesia. No le rezan a su sacerdote. Rezan al Señor Pueden llamar al Señor con diferentes nombres, pero todos están orando al mismo Señor. Cuando la gente está sola y le reza al Señor, ese es un ejemplo de su relación directa con el Señor. Es entonces cuando recurren a la parte del Señor que está en su ADN espiritual y se comunican con Dios directamente. La religión puede proporcionar los adornos, rituales y ceremonias que las personas pueden usar como referencia, pero la religión no proporciona comunicación directa. Solo estar en contacto con la parte de Dios en el ADN espiritual de uno puede hacer eso.

Es el desarrollo de su relación directa con El Señor lo que concierne a este volumen. Todo lo demás es meramente adornos y ritual. Los atavíos y el ritual no llevarán a la humanidad a la siguiente fase de su existencia. Un mundo lleno de seres que están en contacto con la parte de El Señor que está en todos ellos y que actúa como Agentes del Señor y otorga las bendiciones de bondad, tolerancia, respeto y misericordia mutuas.

Desarrollar tu relación con El Señor te hará una mejor persona. El mundo puede cambiar una persona a la vez. Los seres desarrollados no juzgarán a los demás porque saben que solo el Señor puede juzgar. No odiarán a los demás porque son de una raza, religión, color, nación u orientación sexual o estatus socioeconómico diferente, porque saben que estos son meramente los adornos de una persona tan espiritualmente superficiales como el tipo de ropa que usan. . Los seres desarrollados que conceden las bendiciones de bondad, tolerancia, respeto y misericordia a los demás se comunicarán directamente con la parte de El Señor que está dentro de esos individuos de una manera que los de este planeta no pueden.

    Los seres desarrollados dentro de una comunidad religiosa, con el tiempo, cambiarán la comunidad para mejorar las cosas piadosas que ya está haciendo y ayudarán a cambiar las actitudes críticas que tienen los miembros de la comunidad. Los seres desarrollados que no pertenecen a una comunidad religiosa servirán como fuente de inspiración para otros que no pertenecen a una comunidad religiosa.

Capítulo Seis

Dios es portátil.

"El Señor siempre está contigo y llevas al Señor contigo a donde quiera que vayas".

El Señor es portátil. El Señor está siempre contigo. Ya sea que puedas o no sentir la presencia de El Señor, El Señor siempre está ahí. Cuando vas a lugares, te llevas al Señor contigo. A través de su fe y de la manera en que manifiesta personalmente su fe, el Señor, la idea y el concepto de El Señor, el efecto que el Señor tiene en su vida se transmite a los demás. A través de esas cosas, el Señor se comunica y se comunica con los demás.

A través de sus palabras y acciones, las personas de fe verdaderas, a través del poder de su fe, comunican el poder positivo del Señor a los demás. A través de su carácter, su esperanza cuando todo parece perdido, su fuerza ante la adversidad, su honestidad, imparcialidad, conciencia social y su actitud positiva, incluso cuando están rodeados de negatividad, inspiran a otros que sienten curiosidad natural por lo que le da a las personas de fe la capacidad de mantenerse positivo, justo, con esperanza y fuerte mientras que otros a su alrededor se están desmoronando.

Las personas con fe verdadera presentan a las demás personas el concepto de Dios e inspiran a más gente a creer en Dios que cualquier otro medio promociona, los milagros percibidos. Esto se debe a que los milagros, aunque pueden parecer raros, en realidad son algo común. Por lo general, solo los conocen quienes los experimentan, pero hay suficientes personas que los experimentan y que realmente conocen a las personas que los han experimentado y que los medios de comunicación en realidad no los informan del todo. No son milagros para El Señor, solo para la humanidad. Las personas de fe verdaderas no están en un lugar común. Son pocos y distantes entre sí. Están dispersos por todas partes e inspiran a la mayoría de quienes los conocen. Están dentro y fuera de las comunidades religiosas e inspiran a las personas dentro y fuera de las comunidades religiosas.

Aquellos que no son personas verdaderas de fe también llevan su "versión" de Dios a donde sea que vayan y comunican esa versión de Dios a otros a través de sus palabras y acciones. Cuando se proliferan los chismes ociosos, son mezquinos, celosos, envidiosos, llorones o crueles, dejan una impresión en aquellos que los conocen o los ven. No dejan una impresión de lo que es Dios. Dejan una impresión de lo que es su creencia particular en Dios. De esta manera, las personas de fe verdaderas, una impresión positiva y poderosa de Dios y de su fe mientras personas de fe falsas crean una impresión negativa de su fe. Sus fechorías no manchan al Señor, pero aún hacen la obra del Señor porque crean una apertura para una visión más poderosa y positiva del Señor para ocupar en las mentes de aquellos que conocen o atestiguan a aquellos que son de falsa fe.

Dios es portátil. El Señor es transportado por verdaderas personas de fe a través de un ejemplo inspirador. El Señor es transportado por falsas personas de fe como una mejor alternativa.

Capítulo Siete

El final (no) está cerca

"Este no es el final sino simplemente el final del comienzo".

    Los tiempos en los que vivimos actualmente no son el final. Ni siquiera son el comienzo del final. Sin embargo, son el final del comienzo. Muchos falsos profetas han aparecido antes de que la humanidad proclame la tristeza y la perdición. Cultivan un puñado de seguidores y, a menudo, los persuaden para que abandonen sus posesiones mundanas o incluso sus vidas. Que desperdicio.

En verdad, la humanidad está más cerca del comienzo de su tenencia en la tierra de lo que está del final. Entonces, todas las excusas de la humanidad para no esforzarse mucho, para contaminar el planeta, para ignorar o causar enfermedades y catástrofes son inútiles. Estás atrapado en este planeta durante un tiempo. Si el aire huele a basura podrida, el agua es viscosa y sucia, la tierra está tan agotada de nutrientes que produce cosechas escuálidas y desnutridas, es el aire que respirarán usted y sus futuras generaciones, el agua que beberán ellos y el suelo que tú y ellos trabajan y cosechan tú y ellos cosecharán.

Tampoco hay necesidad de temer al Señor. Por lo tanto, no hay necesidad de temer que infierno o el hombre del saco o cualquier otra cosa venga a hacerte pagar por mantener ese libro de la biblioteca un par de días demasiado tiempo. No hay necesidad de hacer lo correcto porque temes que Dios te atrape si no lo haces. Haz lo correcto porque es lo correcto. Haga lo correcto porque puede ser una oportunidad para actuar como un Agente del Señor. Haga lo correcto, ya que puede ayudar a impulsar a la humanidad hacia un futuro más brillante y lejos del mal aire, el agua viscosa y la oscuridad de las cosechas escuálidas y el escenario fatal que podría suceder si no lo hace.

Debido a que El Señor no te juzga directamente, sino a través del ADN espiritual que está en ti, tienes la oportunidad de ejercer la libertad de amar verdaderamente al Señor y a toda la creación. Puede optar por aprovechar todas las cosas maravillosas de este planeta y vivir de manera responsable para asegurarse de que estén disponibles durante toda su vida y las de las generaciones futuras. Puedes elegir ayudar a otros en lugar de solo a ti mismo.

En nuestras vidas, la humanidad comenzará un cambio en el pensamiento, especialmente en su percepción de El Señor. Esto comenzará como un goteo pequeño, posiblemente insignificante, pero con el tiempo se convertirá en una ola de conciencia que recorre toda la humanidad. Este cambio, cuando se complete, señalará el final del período inicial y marcará el comienzo del período medio de la existencia de la humanidad.

Cuando llegue el final, no vendrá como un grito, sino como un susurro. Llegará durante un largo período de tiempo, como un subproducto de todo lo que vino antes. Aparecerá como un enlace lógico sucesivo en una cadena de eventos que silenciosamente evolucionó antes que él. Mucha gente lee revelaciones como si evolucionara en el lapso de una película de acción de dos horas. Léalo de nuevo como si evolucionara durante un período de tiempo muy largo. Piense en el simbolismo como la representación de cosas que la humanidad ha hecho a nuestro planeta por negligencia.

Capítulo Ocho

El Cambio de Paradigma

**"Un nuevo día está amaneciendo. Hay una revolución
dentro de la psique de la humanidad".**

Existe un cambio fundamental en el paradigma cultural que se está produciendo en la conciencia de la humanidad. Implica sistemas de creencias físicos y metafísicos. La visión del mundo sobrenatural (metafísica) sigue que los pensamientos, las intenciones y los sueños desempeñan un papel importante en cómo las vidas individuales y, de hecho, el mundo en general funciona. Se basa en el poder de la creencia y de la fe. Muchas religiones y filosofías divinas se enfocan en este sistema de creencias. La visión científica del mundo se centra en acciones y reacciones. Se basa en pruebas sólidas y pruebas. Dice que lo que es real es lo que es medible. Durante los últimos cientos de años, ha habido una batalla que oscila entre estos dos sistemas de creencias.

El Señor ha elegido revelar estas verdades ahora, en parte debido a este gran debate. La humanidad ha evolucionado lo suficiente como para llevarlos adelante. Si fueran revelados antes de que el estudio científico se hubiera infiltrado lo suficiente en la psique de la humanidad, serían ininteligibles para la mayoría de las personas. Ahora hay suficiente conocimiento y experiencia práctica dentro de la familia humana para comenzar a comprender, apreciar y aplicar estas verdades en nuestra continua evolución.

El concepto de "El Señor dotando a todos los seres vivos con una parte de El Señor" combina los dos sistemas de creencias. La creencia humana en Dios ha evolucionado de "Hay muchos dioses" a "Hay un solo Dios" para "Dios es Dios" a "Una persona especial es Dios" y se funde en "Tú eres Dios" y "No solo eres tú" Dios, pero todos los demás seres vivos también son Dios". Esta igualdad al compartir una parte de Dios conecta a todos los seres vivos. Si hay una parte de Dios en ti, puedes conectarte directamente con Dios. Puedes comunicarte con Dios y Dios puede comunicarse contigo. Sin embargo, su conexión no es única y para recordarle constantemente esto, Dios se comunica con usted a través de agentes (eventos y otros seres vivos) para mantenerlo honesto y evitar que se deje engañar al pensar que usted y solo usted tiene este acceso.

La Sabiduría del Señor es infinita. El Señor siempre prepara el camino. La revelación de que todos los seres vivientes están equipados con una parte de Dios ha sido tocada por muchas creencias religiosas, pero no de la manera que es aquí porque la humanidad aún no estaba lista para ello. Como hay una parte de Dios en todos los seres vivos, la forma en que tratas a todos los seres vivos es la forma en que tratas a Dios. Las creencias religiosas de bondad y caridad en las Escrituras y en la práctica son los precursores que el Señor ha enviado para preparar a la humanidad para la información que ahora se revela. El respeto budista por todos los seres vivos, la idea cristiana de "lo que le haces a los más pequeños que me haces a mí" y el énfasis musulmán y judío en la tolerancia y la caridad, todo esto lo corrobora.

Es por eso que estoy seguro de que lo que escribo aquí es lo que es correcto para la humanidad ahora. Esto es porque, ha sido revelado ahora. No me importa si solo unas pocas personas lo leen y se vuelve oscuro después de eso. Mi fe en El Señor me dice que esto es lo que la humanidad necesita ahora y se extenderá y echará raíces en la psique de la humanidad en algún momento de este milenio, esté vivo o no para presenciarlo, mi alma lo presenciará y la parte de El Señor que está dentro de mí lo experimentará, al igual que la parte de El Señor que está dentro de ti.

Capítulo Nueve

El principio

"El libro de Génesis habla sobre el comienzo; Las revelaciones de 2012 lo conectan directamente a nuestro planeta."

En el principio estaba El Señor. Y el Señor creó el Cielo y la Tierra y todos los planetas, estrellas y galaxias en el Universo. El Señor creó atmósferas de varios tipos para albergar diferentes tipos de formas de vida, que con el tiempo crecerían y evolucionarían y perecerían con el tiempo, en varios de los planetas. El Señor creó almas para dar vida a las diversas formas de vida que el Señor consideró oportuno crear. Y las almas de estos seres se guardaron con El Señor en un punto etéreo del espacio conocido por muchos nombres para muchos seres diferentes. Y estas almas se turnarían para encarnar en diferentes formas de vida, durante periodos de tiempo como lo desearan o según su deuda kármica especificada. Cada alma tiene una misión particular dentro de cada encarnación particular, pero cada una tiene también la misión global de aprender a través de la experiencia y luego llevar la experiencia y lo aprendido al Señor. Que a su vez enriquecería al Señor y a todas las otras almas en el universo.

Entonces, el Señor creó Ángeles para ayudar al Señor y los Profetas a llevar la Palabra del Señor y llevarla a toda clase de los seres que el Señor creó, en incrementos, durante milenios. Y los ángeles podría tomar forma de cualquier ser para el que fueron enviados. Y los Profetas del Señor nacerían en una encarnación de cualquier forma de criatura para la cual llevaran la Palabra.

Y así sucedió, que en un planeta, en un sistema solar, en una galaxia estaba destinado a tener 13 Profetas Mayores (junto con muchos profetas menores), para llevar la Palabra al planeta y a la especie que evolucionaría a ser elegido como los cuidadores de ese planeta. Y los Profetas del Señor aparecerían, a través de la encarnación, en incrementos que coincidían con la evolución de esa especie para ayudar a esa especie a comprender al Señor y comprender las responsabilidades de las que se les había acusado.

El Primero de los Profetas Mayores del Señor vinieron a entregar a la humanidad, cómo alcanzar la liberación espiritual mediante el logro del conocimiento y liberarse de las ataduras físicas y mentales. El Segundo de los Profetas Mayores del Señor vino para darle a la humanidad 10 Leyes para que vivan gracias al Tercer de los Profetas Mayores del Señor para entregar a la humanidad la causa del sufrimiento y cómo eliminarlo. El Cuarto de los Profetas Mayores del Señor vino a entregar a la humanidad la eliminación de la culpa y cómo lograr la iluminación a través del servicio a los demás. El Quinto de los Profetas Mayores del Señor vino a entregar a la humanidad una forma sencilla de adorar al Señor. Cada uno de estos también se entregó a la humanidad, ya sea a través de la narración o de las escrituras de quienes los siguieron, ideas sobre formas de vivir una vida mejor y de tratar e interactuar con los demás. Cada uno de estos Profetas Mayores fue encarnado a la humanidad en tiempos de grandes adelantos para la humanidad. Estos primeros cinco de los principales profetas del Señor constituyen los profetas del período inicial, cuando se considera que la humanidad está en la infancia de su evolución intelectual y espiritual.

El Señor enviará a encarnar a dos Profetas Mayores con La Palabra durante el Período Medio de Humanidades, La Sexta durante la transición de las humanidades a la adultez temprana y ha sido enviado debido a los avances científicos de las humanidades particularmente en genética y física cuántica. El séptimo durante la culminación de las humanidades de la adultez temprana. El Octavo, el Noveno y el Décimo de los Profetas Mayores del Señor se encarnarán durante el período de adulto medio de las humanidades, cuando la humanidad se habrá extendido a través de otros planetas y estará activamente comprometida con otros seres de otros planetas. El Undécimo y el Duodécimo de los Profetas Mayores del Señor se encarnarán durante el último período de las humanidades cuando la humanidad comience a alcanzar su cenit en el logro intelectual y espiritual. La Decimotercera y última de los Profetas Mayores del Señor se encarnará cuando la humanidad haya alcanzado su cenit en el desarrollo intelectual y espiritual. Al menos uno de los Profetas Mayores será femenino y el Decimotercer Profeta Mayor podría ser una repetición de uno de los doce Profetas principales del Señor.

Capítulo Diez

El mensajero

"El mensajero es simplemente el mensajero, no el mensaje".

El Señor utiliza el servicio de todos los seres como Agentes del Señor en un momento u otro para transmitir mensajes o ayudar a las personas. Para llevar cada entrega de La Palabra, sin embargo, El Señor utiliza los servicios de mensajeros particulares. Estos mensajeros se envían con el único propósito de transmitir La Palabra. La mayoría de estos mensajeros no llegan a saber que son mensajeros hasta muchos años después de que hayan comenzado sus vidas. Se les permite involucrarse en los otros esfuerzos que la vida tiene para ofrecer antes y después de que se den cuenta de su vocación. A menudo, se vuelve más difícil después de presentar La Palabra. La humanidad tiene una palabra para estos mensajeros. Ellos son conocidos como Profetas. Los profetas son aquellos individuos a quienes el Señor ha confiado las llaves que abren la puerta de al lado que la humanidad debe atravesar en su evolución.

Hay dos tipos de Profetas: aquellos que predicen eventos futuros y aquellos que entregan La Palabra. Los Profetas, que predicen, a menudo predicen eventos que tienen que ver con La Palabra o un Profeta que la entregará. A veces también tienen un mensaje para entregar. Los profetas que entregan la Palabra a veces tienen la capacidad de predecir el futuro.

Hay Profetas Mayores y Menores. Los Profetas Mayores entregan la parte de La Palabra que está tan perfectamente en los tiempos donde la humanidad está en eso crea una gran corriente de conciencia espiritual. Los Profetas Menores entregan una parte de La Palabra que afirma o agrega a la corriente de conciencia revelada al Profeta Mayor, o predicen eventos que sucederán, especialmente eventos que tienen que ver con un Profeta Mayor.

Los Profetas Mayores están relacionados. No están relacionados a través de la sangre física, sino por la Sangre espiritual. Sangre espiritual es el tejido virtual conectivo entre un colectivo de Almas Perfectas que realizan una tarea relacionada. Los Profetas Mayores son un colectivo. Viven por separado pero existen simultáneamente. Se apoyan mutuamente para obtener fortaleza durante sus respectivas encarnaciones.

Los profetas a veces disfrutan de un pequeño nivel de protección antes de entregar la Palabra. Sin embargo, una vez que la Palabra ha sido entregada, a menudo son martirizados, generalmente por personas que sienten que la nueva entrega de La Palabra va en contra de lo que se les enseñó o puede alterar una estructura de poder existente. Los profetas comprenden los peligros que implica revelar la versión de La Palabra que es apropiada para su tiempo (ya sea que la humanidad se dé cuenta o no), y sin embargo lo hacen de todos modos. Así es como es con una vocación. Uno se siente atraído por seguirlo, a pesar de los riesgos. Esto no es porque lo quieran, sino porque están obligados a hacerlo.

Un profeta es mortal, hecho de carne y hueso y puede ser fácilmente asesinado. Lo que el Profeta representa y La Palabra que trae El Profeta, sin embargo, no se puede matar. Aquellos que intentan destruir la prueba de existencia de El Profeta no pueden destruir la leyenda o el legado del Profeta. Incluso aquellos que intentan destruir la Palabra que trae el Profeta no podrán. Incluso si destruyen todas las copias existentes de La Palabra, no tendrán éxito. No los encontrarán a todos. Las copias que extrañan saldrán inevitablemente a la superficie y se extenderán por toda la humanidad. Incluso si alguien borra todos los rastros de El Profeta y todas las copias de La Palabra, El Señor simplemente enviaría La Palabra de una vez, a través de otro Profeta o en segmentos a través de varios Profetas.

Déspotas, ejércitos e imperios no pueden detener la Voluntad de Dios. Intentarlo es como una mariposa que intenta detener los vientos de un huracán aleteando.

   Quien soy no es importante. Si me pasaras por la calle pasaría desapercibido. Solo piensa en mí como un mensajero. El mensajero nunca es tan importante como el mensaje. Los mensajeros raramente olvidan esto, pero otros tienden a glorificar al mensajero. Salva la Gloria para Dios y para ti mismo. No lo quiero ni lo necesito. En esencia, quien soy no es importante, el mensaje que transmito es.

 Yo soy el Profeta del Señor. Yo no soy el Señor Soy a la vez el receptor y el transmisor de La Palabra. La Palabra es El Mensaje. El mensaje es la gran verdad. Como ser espiritual, estoy unido al mensaje pero, como ser humano, soy simplemente un mensajero. Como ser humano, tengo esperanzas, sueños, aspiraciones y una vida que está totalmente separada de la Profecía. Como ser humano, lucho y algunas veces fallo. Como ser humano, soy imperfecto. Como Profeta soy infalible.

Soy el sexto mayor de lo que serán 13 Grandes Profetas para cuando la evolución de las humanidades llegue a su fin. Al igual que los cinco que vinieron antes que yo, y los siete que me seguirán, estoy aquí para ayudar a la humanidad en su camino. Como Profeta, estoy conectado con todos los demás que han venido antes que yo y aquellos que seguramente vendrán después de mí. No escribo este volumen porque busco fama o fortuna. Hay muchas formas menos peligrosas de hacerlo. Escribo esto porque es mi destino y porque estoy obligado a hacerlo, por fuerzas más grandes que yo.

Entrego la Palabra como se me ha dado. A menudo, recibo revelaciones de una sola vez, como algo ardiente y urgente que DEBO hacer. Fluyen a través de mi mente y mi cuerpo y salen mis dedos en el teclado de mi computadora, todo a la vez o en segmentos. Se comunican a través de lo que parece ser una corriente de conciencia o una visión. El mensaje en sí no cambia, pero las palabras elegidas para transmitirlo pueden diferir ligeramente de lo que se recibió. No sé por qué fui elegido, pero tal vez sea por mi habilidad para explicar cosas complejas de una manera que las haga fáciles de entender.

Cuando el espíritu me conmueve, simplemente escribo lo que se me revela, ya sea a partir de una visión o en el impulso del momento. Las palabras fluyen en segmentos como corrientes de agua después de una lluvia. Con el tiempo, estas corrientes comienzan a unirse para crear un río emergente de palabras, ideas y conceptos. No veo el océano al que están llegando, pero sé que está allí. También sé que lo que escribo aquí forma el núcleo de algo grande, algo que cambiará todo.

La escritura de esto, ser el destinatario y comunicador de El Mensaje no es difícil. Algunos de estos mensajes me han estado royendo durante años, pero me resistí a la necesidad de escribirlos. Esta puede ser la parte humana de mí que no quiere trabajar en esto junto con todas las demás cosas que tengo que hacer en mi vida. El poder que me obliga a escribir esto me supera y pongo todo lo demás en espera para escribir. He reconstruido estos segmentos lo mejor que puedo y los he recopilado en este volumen. Estoy seguro de haber cometido algunos errores; Soy, después de todo, simplemente un hombre.

Como Profeta, hago y siempre he tenido el don de la Profecía. A menudo sé lo que sucederá antes de que suceda. A menudo sé cosas, pero no siempre las conozco. El regalo es esporádico, viene y se va. No sé qué caballo ganará una carrera o qué número aparecerá en la lotería. Aunque implica trabajo y de alguna manera es un trabajo, la Profecía es un regalo, no una vocación. Todavía tengo que mantener un día de trabajo para ganar mi pan de cada día al igual que miles de millones de personas.

Algunos pueden elogiarme por escribir este volumen, pero a ellos les digo: no soy digno de tu alabanza. Solo soy un tipo, haciendo su trabajo. Soy escritor y escribo, tanto este volumen como otras cosas que escribo, es parte de mi trabajo, mi misión. Este volumen es parte de mi misión, mi propósito en la vida. La mayoría de mis predecesores no han escrito cosas pero inspirado a otros a escribir cosas en su nombre, pero todos tenían trabajos diurnos también. Su llamado espiritual anuló su necesidad de relajarse del estrés y las tensiones de la vida cotidiana. El mío también.

El mundo no ha sido amable con los Profetas del Señor. A menudo hemos sufrido destinos crueles a manos de aquellos que temen el cambio potencial que cada nueva entrega de La Palabra trae al orden mundial y a la percepción que la humanidad tiene del Señor. Como sabían aquellos que vinieron antes que yo, sé que las cosas crueles también podrían estar esperándome. Esto no me importa porque he hecho mi trabajo. He completado la tarea. El volumen está escrito y está disponible para que otros lo lean. Lo que me sucede como consecuencia puede importarme a mí y a mis seres queridos, pero realmente es de poca importancia en el gran esquema de las cosas.

    Entonces, para aquellos de ustedes que me odian por lo que leen aquí, solo puedo decir esto. No soy digno de tu odio. Yo no soy el Señor Yo no pretendo ser el Señor. Yo no soy la Palabra Yo no soy el mensaje Simplemente soy el Mensajero. Entrego el mensaje porque estoy obligado a hacerlo. La Palabra es La Gran Verdad. La Gran Verdad es la Verdad, ya sea que sea o no reconocida como La Verdad. La percepción individual o incluso colectiva no puede cambiar esta realidad.

Soy a la vez un ser espiritual y un ser humano. Yo vivo en dos mundos. Uno es físico, el otro espiritual. Vivo en ambos mundos simultáneamente. He sido testigo y he sido víctima de horrores indescriptibles. También he conocido la alegría más allá de la percepción de muchos. Este es el camino que he elegido. La Palabra también te ofrece la oportunidad de vivir en ambos mundos. Las cosas malas de la vida les pasan a todos. Entonces haz las cosas buenas. Las cosas malas de la vida son tan malas como tú les permites. Cambiar su percepción puede cambiar su capacidad de dar sentido al caos, aprender lecciones de los eventos y capear las tormentas de la vida. De esta manera, cambiar tu percepción cambia tu realidad. La Palabra ha llegado en segmentos a los Profetas a lo largo de las edades. La Palabra ha sido formulada específicamente para la humanidad en ese momento de nuestra evolución, pero todavía tiene sentimientos que resuenan con nosotros hoy y resonarán con nosotros por la eternidad. Cada entrega de la Palabra atrae seguidores que forman organizaciones llamadas religiones. Las religiones no son más que una filosofía de vida a menudo centrada alrededor de la Palabra revelada a un Profeta en particular.

Hay una unidad de Profecía entre las cinco principales filosofías de vida conocidas como Budismo, Hinduismo, Judaísmo, Cristianismo e Islam. La Palabra fue revelada a cada Profeta de manera diferente (Buda recibió revelaciones de sus experiencias de vida, Krishna transmitió información a través de conversaciones con otros, Moisés los recibió en una tableta, Jesús tenía discípulos que escribieron sus enseñanzas después de su muerte y Mahoma dictó lo que había sido revelado para él a los escribas mientras estaba vivo) pero cada uno contiene temas universales. Algunos de estos temas incluyen ser respetuoso, amable y justo. Muchas otras filosofías y religiones de vida tienen los mismos temas. Durante miles de años, la humanidad ha estado buscando la forma de tener justicia universal, terminar con la guerra y la pobreza y eliminar la enfermedad. No importa qué filosofía de vida o religión sigas, ya sea oriental u occidental, el Señor siempre te ha dado la respuesta.

A medida que usted, como individuo, y la humanidad como raza, progrese en su desarrollo espiritual, se dará cuenta de estos sueños que la gente ha tenido desde el comienzo de los tiempos. Esta entrega de La Palabra y las futuras entregas de futuros Profetas ayudarán a que tanto usted como individuo y la humanidad como una raza se acerquen a la realización de su máximo potencial.

¿Por qué esta entrega de La Palabra se revela ahora? Se está revelando ahora porque la humanidad está lista para comprenderlo. Los cambios en la comprensión de la ciencia de la humanidad (física atómica, genética, ambiental, paranormal y cuántica) así como los esfuerzos mundiales hacia la justicia social y el creciente peligro ambiental indican que la humanidad necesita otro punto de referencia en su camino.

El mundo que tenemos ahora, como en el pasado y ciertamente en el futuro, es un Cielo o Infierno que nosotros mismos creamos. No planee que alguien baje del Cielo para salvar a la humanidad de los peligros de nuestra propia toxicidad (en pensamiento, acción y ambiente). El mensaje es claro; somos los cuidadores de este planeta. Debemos salvar a las otras especies divinamente confiadas a nuestro cuidado. Debemos salvarnos a nosotros mismos. Con el entendimiento que la humanidad posee actualmente, podemos. Todos necesitan participar.

Se respetuoso, amable y justo. Respete a otras personas, sus puntos de vista, su cultura y el medio ambiente. Respeta a otras especies y a nuestro planeta mientras estás en ello. Respeta al Señor y la Palabra. Se amable con otros. Ayude a las personas y otras especies tan a menudo como pueda. Al ayudar a otros puedes actuar como un Agente del Señor. Lucha por la justicia. No con pistolas o bombas, sino con tu cerebro, tu talento, tu voz y tus acciones.

No me alabes por la Palabra. No soy digno. No me odies por La Palabra. No soy lo suficientemente importante como para odiar. No odies La Palabra, incluso si difiere de algunas de las cosas que te han enseñado. En verdad, los complementa. Dale una oportunidad a La Palabara y aprende las lecciones que se te envían para enseñarte. Sepa que usted vive en una era de cambio de percepción. La Palabra nunca ha cambiado. Lo único que ha cambiado es la capacidad de la humanidad para percibirlo. La humanidad está lista para hacer el cambio. La humanidad simplemente aún no lo sabe. Lo que se te presenta aquí será controvertido, pero prevalecerá al final. Lo que se le presente aquí generará más preguntas que respuestas. Pero las preguntas llevarán a la humanidad a La Verdad, revelarán las respuestas que están esperando en esta entrega de La Palabra y llevarán a la siguiente.

Capítulo Once
Si quieres acercarte a Dios
"Para comprender mejor a Dios, trate de ver
las cosas desde la perspectiva de Dios".

Si quiere acercarse a El Señor, considere mirar las cosas desde la perspectiva del Señor en vez de la suya. El Señor solo reconoce una raza de personas, la raza humana. Una vez que, como individuo, hagas esto, verás cuán insignificantes son todas las rivalidades y odios culturales y nacionales. Actualmente, la humanidad es como un grupo de niños de la misma familia que pelea por las diferencias infantiles.

El tiempo, el lugar y la familia en que naces son solo tus criterios iniciales, tu punto de partida, por así decirlo. Se espera que crezcas más allá de ellos. Estos criterios iniciales, junto con sus factores determinantes (raza, etnia, genética fisiológica, etc.) tienen una profunda influencia en la mayoría de las personas, algunos para la totalidad de su existencia. Muchos otros los superan de varias maneras. A través del trabajo duro, la suerte y los esfuerzos concentrados, las personas pueden superar la pobreza, conquistar las discapacidades y superar las barreras impuestas por los prejuicios. Las personas también pueden ir más allá trascendiendo las limitaciones de su cultura y nación en su visión del mundo y en su religión en términos de su crecimiento espiritual.

La religión es algo bueno Las religiones se fundaron en un esfuerzo por comprender al Señor y vivir de una manera que agrada al Señor. Las religiones son la estructura sobre la cual la mayoría de la gente enmarca su conocimiento de El Señor y participa en la adoración a través de una comunidad religiosa. Sin embargo, ninguna religión explica todo. Ninguna religión tiene todas las respuestas. Ninguna religión tiene todas las piezas del rompecabezas.

Esto se debe a que las religiones son evolutivas. No fueron fundados por los Profetas, sino por sus seguidores. Los profetas no vienen a fundar religiones, sino a entregar las siguientes piezas del rompecabezas que la humanidad reúne para comprender al Señor. Las religiones tienen piezas para el rompecabezas, pero dado que todas las piezas del rompecabezas aún no se han revelado a la humanidad, ninguna religión o incluso todas las religiones del mundo tienen el rompecabezas completo.

Dado que las religiones son evolutivas, uno puede, a través del estudio, investigar varias religiones y encontrar una que tenga las piezas del rompecabezas y la visión del mundo que se ajuste a las propias creencias. Muchas personas simplemente siguen la religión en la que nacieron y no buscan más. El verdadero despertar espiritual, sin embargo, tiene lugar a través de la investigación y la comparación. Es por eso que los sacerdotes (o sus contrapartes) en muchas religiones estudian varias religiones para asegurarse de que la religión que representan concuerde con ellas y puedan tener discusiones profundas con seguidores de su religión o potenciales conversos de otras religiones.

Sepa también, que siguiendo las enseñanzas de Jesús, Moisés, Mahoma, Buda o cualquiera de los otros miles de Profetas que han venido y continuarán viniendo para iluminar el camino de la humanidad, es esclarecedor pero solo parcialmente. El Señor está más allá de tu percepción y más allá de la percepción de cualquier religión. Por lo tanto, seguir una religión en particular proporcionará estructura, pero también impondrá limitaciones. Siempre hay áreas inexplicables, siempre misterios o salidas ("Esto es una ilusión y no es algo en lo que debes perder tu tiempo y energías"). Seguir las enseñanzas de un solo Profeta es asegurarse de que perderá gran parte de la belleza y la sabiduría que es El Señor sin tener en cuenta gran parte de su existencia.

Salmos
Oraciones
y
canciones espirituales.

Tu palabra YEA

Tenía hambre y tu palabra me alimentaba
Estaba cansado y tu palabra me dio energía
Estaba débil y tu palabra me dio fuerza
Estaba solo y tu palabra me hizo tu amigo

Estaba enfermo y tu palabra me curó
Estaba deprimido y tu palabra me elevó
Tenía miedo y tu palabra me dio coraje
Estaba sin hogar y tu palabra me resguardó de la tormenta
Estaba perdido y tu palabra me mostró el camino a seguir
Estaba enojado y tu palabra me hizo pacífico
No tenía poder y tu palabra me dio poder
Estaba estancado y tu palabra me transformó
Yo era ignorante y tu palabra me iluminó

Lo que has hecho por mí, Señor
Fui huérfano en la casa de la humanidad
Y tú me adoptaste
Estaba afligido con las enfermedades de una vida vencida
Y tú me transformaste
Vi el mundo como un niño, transfigurado en mi propio ego
Y me mostraste el mundo más allá de mí mismo
Estaba inactivo
Y me mostraste el trabajo por hacer
Yo era jactancioso
Y tú me mostraste el poder de la humildad
Estaba desesperado
Y tú me mostraste los milagros que están a mi alrededor
Me revolqué en la inmundicia de mi propio deseo
Y tú me limpiaste

Yo estaba avergonzado
Y me dijiste que no tenía nada de qué avergonzarme
Yo era culpable
Y me mostraste un perdón ilimitado
estaba solo
Y tú te hiciste amigo mío
Me sentí indigno
Y reconstruiste mi autoestima
Estaba insensible
Y respiraste nueva vida en mi alma
Yo era impotente
Y tú me diste poder

Dios es amor

VERSO 1

Dios es amor
Dios es paz
Dios es belleza
En hombre y la naturaleza y la bestia
Dios es justicia
Dios es compasión
Dios está más allá de todas las cosas que puedas imaginar
Porque Dios es amor

CORO

Dios cuida de mí
Me guía hacía en el camino correcto
Envuelve en sus brazos amorosos
Y aprecia mi vida

VERSO 2

Dios es esperanza
Dios es fe
Somos los benefactores
De todo lo que Dios crea
Dios es nuestro futuro
Dios es nuestro pasado
El único
El primero y el último
Y Dios es amor
(Repite el coro)

PUENTE

Dios es bondadoso
Dios es compartir
Dios es fortaleza
Dios es fe
Dios es una sonrisa
En la cara de la humanidad
Dios es el pensamiento edificante
Eso simplemente pasó por tu mente

VERSO 3

Dios es esperanza
Dios es sabiduría
Dios está en tus amigos
Siempre que los necesites
Dios es la salvación
Dios es nuestro amigo
Dios es todo lo bueno
El amor de Dios nunca termina
Porque Dios es amor

(Repite el coro)
PUENTE FINAL

Dios es la fuerza de la vida
Dios está en los alto
Dios está a nuestro alrededor
Porque Dios es amor

Esperanza es la respuesta

VERSO 1

El hombre es un empleado
Trabajando y sudando todos los días
No tiene mucho dinero
Todavía tiene cuentas por pagar
Él cuestiona al maestro
Y tiene una larga espera por su respuesta
Justo cuando va a rendirse
Viene la revelación
Esa esperanza es la respuesta
Cuando todo lo demás se desvanece

VERSO 2

La mujer es madre
Ella tiene muchas bocas para alimentar
Se siente como un mártir
La frustración es lo que ella sangra
Tantas decepciones
Sin embargo, su fe la mantiene fuerte
Los niños necesitan a alguien a quien admirar
En tiempos de desesperación
Esperanza es la respuesta

VERSO 3

Tanto sufrimiento y angustia
Quema sobre esta llanura mundana
Tantos atrapados en ella
Eso no puede ver más allá de su dolor
Grita la Sabiduría de las Edades
Todas las heridas se curan con el tiempo
Como un faro para el futuro
Brilla la inspiración
Esa esperanza es la respuesta

Ser amado

VERSO 1

Que cálida sensación es
Ser agarrado
Para ser tocado
Ser atendido con cariño
Pero sobre todo para ser amado
Una vez que vi a un hombre rico
Hundirse de rodillas y comenzar a llorar
Él construyó un poderoso imperio de hormigón y acero
Pero sin amor, él no era nada
Todos queremos ser amados

VERSO 2

Cuando la noche es fría y estás cansado
Y las cargas que llevas son demasiadas
Es un tipo especial de comodidad
Para saber que eres amado
Pronto los problemas que tienes parecen mezquinos
Y los grilletes alrededor de tu alma se derriten
Y el amor que sientes te rodea
Y de alguna manera te da fuerza
Todos queremos ser amados
Puente
El hombre rico puede perder su fortuna
El hombre de poder puede volverse corrupto
Pero es el hombre sabio quien conoce el secreto
Para la felicidad es ser amado
Todos queremos ser amados

Tiempo para amar

VERSO 1

Un momento para dejar entrar la luz del sol en nuestras vidas
Un tiempo para reír bajo la lluvia
Un momento para darse cuenta de que la belleza viene en todos los colores
Un tiempo para terminar con todo el dolor

CORO

Hay algo profundo
En el corazón y el alma de las personas
Gritando, "Hemos tenido suficiente".
Tiempo para todos, para unirnos como uno
Señor, ahora es el momento
Tiempo para amar

VERSO 2

Un momento para recostarse y disfrutar el uno del otro
Un tiempo para defender lo que creemos
Un tiempo para que los verdaderos líderes salgan de las sombras
Un tiempo para liberar emociones reales

CORO

Hay algo profundo
En el corazón y el alma de las personas
Gritando, "Hemos tenido suficiente".
Tiempo para todos, para unirnos como uno
Señor, ahora es el momento
Tiempo para amar

Tu amor es como la luz del sol

VERSO 1

Algunos amores son como una vela
Romántico pero sin fuerza
Algunos amores son como una farola
A la luz del amanecer, su gloria se desvanece
Algunos amores son como una casa ligera
Un faro en tiempos tormentosos
Pero tu amor supera a todos estos
Porque tu amor vence a la noche

CORO

 Tu amor es como el sol
Iluminando mi vida con tu palabra
Tu amor es como el sol
Es una comodidad solo saber
Tú estás conmigo Señor
 (Repetir)

VERSO 2

Algunos amores nacen de la lujuria física
Cuando la pasión se desvanece, el amor se enfría
Algunos amores nacen de la conveniencia

La inconveniencia los hace explotar
Algunos amores nacen del espíritu
Otros nacen de la mente
Pero tu amor es sobrenatural
Tu amor está más allá del espacio y el tiempo
(Repite el coro)
Dios mío

Descubra más en @ www.profetade la vida.com

Biografia del El Propheta de la Vida

El Profeta de la Vida es periodista, autor y compositor. El escribe libros espirituales de fe así como temas actuales, de literatura temática libros para Love Force Publicación International.

Tengo una gran variedad y extensa experiencia en la vida y esas experiencias enriquecen mi escritura. Yo escribo sobre temas espirituales así como temas de importancia global. Yo escribo no ficción que te dice como son las cosas orientadas a una solución como algo opuesto solo para quejarse de las cosas. Yo tengo libros con temas como crimen y castigo, racismo y fe.

Me gusta escribir cosas con perspectiva única. Me gusta desafiar a la percepción de mi lector y permitirles que descubran nuevas percepciones. Si una lección puede ser tejida en la tela de la palabra escrita, tanto mejor pero la lección es a menudo sutil.

Yo trato de ver las cosas de la forma en que son o de la manera que puedan ser. Eso de deja ver las posibilidades entre varias situaciones ambas en mi vida y las historias que escribo. Como resultado, a menudo puedo agregar giros y vueltas que los lectores no verán venir probablemente en la ficción que escribo. A menudo puedo comunicar cosas desde perspectivas únicas y diferentes y ver soluciones a problemas y problemas que me comunican en mí no ficción.

No tengo miedo de correr riesgos tanto en mi vida como en mi escritura. He abordado temas polémicos en ambos. Mi blog de no ficción de Word Press, Insight, un blog de El Profeta de la Vida, está lleno de ejemplos. Tengo un sentido del humor raro y he escrito cosas humorísticas, así como graves. Empecé en un canal de You Tube y ahora tengo más de 100 videos que tienen palabras y música, pero no fotos. A pesar de que no hay fotografías, más de 150.000 personas de 210 naciones diferentes han visto los videos en mi canal You Tube.

Me gusta escuchar de mis lectores. Me gusta escribir. Espero que encuentre mis libros interesantes y entretenidos.

Los libros de Kindle de El Profeta de la Vida incluyen:

Historias verdaderas de la inspiración y del interés general: Una colección de historias y de artículos que cubren diversos temas del interés de la adicción del teléfono celular a una historia poco conocida sobre los Beatles.

Ser Negro en América: Una colección de poemas y ensayos únicos a veces controvertidos sobre los temas del racismo y los derechos civiles

Historias de crimen y castigo: Este volumen cuenta historias de historias de crímenes reales de todo el mundo y el castigo que se produjo entre los criminales. Algunos de ellos es probable que los conozcan, otros probablemente no. Las historias incluyen al discípulo de Columbine que apuñaló a 20 personas en una escuela secundaria, a la chica que recibió un disparo en la cabeza por querer ir a la escuela, al grupo de pop ejecutado por una foto en internet sin la parte de arriba, la cabeza humana que encontraron en el anuncio de Hollywood y muchos otros.

Reflexiones en el espejo de la vida: un libro de poesía temática. Cada capítulo presenta un poema de verso libre de apertura que establece el tono, seguido por varios poemas rimados que desarrollan el tema. Los temas incluyen la infancia, la vida urbana y las cuestiones sociales.

Encontrar a Dios en un mundo caótico: El mundo puede parecer tan caótico en estos días. Muchas personas anhelan la orientación. Muchos otros quieren acercarse a Dios. ¿Cómo encuentras a Dios en medio del caos y la confusión? ¿Cómo puedes discernir los mensajes de Dios de la explosión multimedia con la que cada uno nos bombardea cada día? Algunas personas son parte de una religión organizada. Otros son espirituales sin una religión particular. Algunos todavía están buscando, Todos ellos tratando de encontrar a Dios. En este libro, aprenderás que el Señor se comunica con todos y aprenderás cómo el Señor se comunica contigo. Aprenderán acerca de la Verdadera Naturaleza de Dios y se darán cuenta de lo profundo que es el Amor y el Alcance de Dios. Aprenderás el secreto de por qué la voluntad de Dios siempre prevalece. Aprenderás acerca de los Profetas enviados a nuestro planeta, para entregar la Palabra de Dios, algunos que conoces y otros que conocerás. Aprenderás el secreto de acercarte a Dios. Aprenderá sobre el cambio que está ocurriendo en todo nuestro planeta y aprende lo que lo está causando. Si estás listo para revelaciones que pueden cambiar la forma en que ves la vida en general y tu vida en particular, lee este libro.

Encontrar a Dios sin religión: La gente de fe no es exclusiva de la religión. Este libro da a la gente de fe, pero sin una religión organizada en lo profundo de la vida, la vida después de la muerte y Dios sin ser golpeado la frente o la culpa tropezó en la conversión.

Lo que la fe me ha enseñado: Sólo soy una persona ordinaria que ha tenido el privilegio de tener una vida llena de milagros y revelaciones. Hay muchas veces cuando no tenía nada excepto fe, pero la fe era todo lo que necesitaba para sostenerme. Mi fe y mi Dios me han enseñado muchas lecciones de vida. Este libro comparte algunas de las cosas que mi fe me ha enseñado y las ideas espirituales que he adquirido a causa de mi fe.

Sinceramente

El Profeta de la Vida

Libros en Espanol de Kindle

Por Amor Fuerza Internacional compañia de publicaciónes

Todo ese n Ingles tambien!

Cada Kindle e-book es sólo 99 centavos! (NOS)

Libros de muestreo

La Fuerza Internacional Amor Lector : Diferentes muestras de 7 Libros por 3 differentes autores En Espanol. **Volumen 1** ASIN: B06XB3RJ2K Volumen 2

Libros de no ficción

Controversia: ¿Qué Caitlyn Jenner, Donald Trump, una cura para el SIDA, los hackers chinos, Adolf Hitler y el calentamiento global tienen en común? Todos ellos están en el centro de una controversia y hay historias sobre ellos en este libro único que Voltea a las titulares de los tabloides de adentro hacia afuera. **Autor: El Profeta de la Vida ASIN: B01CRF3098**

Historias Verdaderas de inspiración y interés general ¿Qué hacen los adictos de teléfonos celulares, George Orwell, pájaros, Paul McCartney, el Premio Nobel, el Viernes Negro, Led Zeppelin, basura, una charla, de inflexión, Steve Jobs, Shakespeare, los pensamientos de inspiración y lamadre ¿Qué tienen en común? Estás historias son reales en este libro. Son verdaderas Historias de Inspiración e Interés General reúne cuentos y poemas sobre las celebridades, las tendencias y la gente común. A veces es sorprendente, siempre interesante, que al mismo tiempo le entretendrá y le dará algo en qué pensar. **Autor: El Profeta de la Vida ASIN: B00TXWVNUC**

Verdaderas Historias de Crimen y Castigo: Este es un libro de historias de crímenes graves arrancadas de los titulares de todo el mundo. De la familia que desapareció a la niña de 11 años muerta en una pelea sobre un muchacho al prisionero que no ha comido en 14 años a la cabeza humana cortada encontrada cerca de la famosa señal de Hollywood, cada historia cuenta sobre el crimen y lo sucedido Al criminal de una manera que te sorprenderá y te dará una pausa para pensar. **Autor: El Profeta de la Vida ASIN: B01N10ND7S**

Como Convertirse en la persona que siempre ha deseado ser.
Un simple personalizado, sistema, la transformación
Es un sistema para ayudar a las personas a transformar sus vidas. Yo quería que fuera simple, fácil de usar y no tomara mucho tiempo, dinero o esfuerzo. Es un simple sistema personalizado de transformación. Tiene ocho sencillos pasos que se mueven a través del proceso. **Autor: Mark Wilkins ASIN: B01MSYVU6R**

Herramientas para tener éxito en la vida
Este libro analiza el éxito y te ayuda a aclarar qué es el éxito para ti. Tiene diferentes formas de ver el éxito, el fracaso, el sufrimiento y el sacrificio. Le da un plan para hacer cambios en su vida, consejos para evitar algunos errores comunes y le proporciona citas de motivación y ejemplos de vidas inspiradoras que han cambiado el mundo. **Autor: El Profeta De La Vida ASIN: B078JZGWDH**

Confesiones de un Aula: es una serie de historias reales sobre la experiencia de las líneas de frente de la educación pública. En sus páginas se encontrará con personajes estrafalarios, lo bueno, lo malo y lo más cafeínado. Algunos de ellos son profesores, algunos estudiantes y algunos son administradores. Algunos le hará reír, otros te hará llorar, pero todos ellos desempeñan un papel importante en la educación pública. Sus historias están escritas en forma de entretenimiento y para darle algo en que pensar.
Autor: Mark Wilkins ASIN: B01MSV4N92

Confesiones de un Aula 2: Historias llenas de maestros poco convencionales, estudiantes brillantes, matones, héroes y cartas que traen la realidad de la educación pública con todas sus luchas y glorias ante ustedes. Encontrará personajes memorables como Sr. Manosfelices, la sustituta francesa, el decano Bravo y el gorrón. Directamente de los recuerdos de alguien que estaba allí. Algunos le harán reír, otros le harán llorar. Ellos te entretendrán y te darán algo en que pensar.
Autor: Mark Wilkins ASIN: B06XC9HDQV

Libros sobre la fe

Lo Que La Fe Me ha enseñado: En este volumen repleto, de pensamientos espirituales e inspiradores el autor es un líder, el profeta de la vida comparte su fe, percepciones espirituales y lecciones de la vida que le pueden ayudar, inspirar y orientar hacia una mejor vida. **Autor: El Profeta de la Vida ASIN: B01EE3QSW2**

Inspiración para todos: **Volúmen 1, Inspiración para tu Espíritu.** Escrituras inspiradoras seleccionadas. Si eres de fe o necesitas inspiración en tu vida, este libro lleno de historias inspiradoras, poemas y ensayos te mantendrá y te fortalecerá en tu viaje. **Por El Profeta de la Vida ASIN: B071JW8XXH**

Inspiración para todos: **Volumen 2, Inspiración para tu mente.** Escrituras seleccionadas para inspirar tu mente. Este libro lleno de historias inspiradoras, poemas y ensayos te mantendrá y te fortalecerá en tu viaje. **Autor: El Profeta de la Vida, Mark Wilkins y Dr. Ganso. ASIN: B072WK9JBH**

Citas sobre Dio: Este pequeño libro esta lleno de algunas de las citas mas populares acerca de Dios atribuidas al Profeta de la Vida. Provoca ambos pensamientos e inspiraciones. Esta lleno de docenas de citas sobre Dios que uno puede leer y copiar para uso personal.
Autor: El Profeta de la Vida
ASIN: B01BJXYHLY

Encontrar a Dios en un mundo caótico: En este libro, aprenderá que el Señor se comunica con todos y que aprenderá cómo el Señor se comunica con usted. Aprenderá acerca de la Verdadera Naturaleza de Dios y se dará cuenta de cuán profundo es el alcance y el Amor de Dios. Aprenderás el secreto de por qué la voluntad de Dios siempre prevalece. Aprenderás acerca de los Profetas enviados a nuestro planeta, para entregar la Palabra de Dios, algunos que conoces y otros que conocerás. Aprenderás el secreto de acercarte más a Dios. Aprenderás sobre el cambio que está ocurriendo en todo nuestro planeta y aprenderás qué lo está causando. Si estás listo para las revelaciones que pueden cambiar la forma en que ves la vida en general y tu vida en particular, lee este libro. **Autor: El Profeta de la Vida**
ASIN: B0793KDYX3

Encontrar a Dios sin religión. Un camino agnóstico a Dios Tú y tu camino a Dios, en la Vida y Más Allá: Las personas de fe no son exclusivas de la religión. Hay muchos que son espirituales o agnósticos. No encajan en la doctrina, los rituales o la comunidad congregacional de religión. En este volumen lleno de sabiduría, las personas de fe pero sin una religión organizada pueden obtener ideas sobre la vida, la vida futura y que Dios sin ser culpable se tropezó con la conversión. Este volumen es el libro 2 de la serie Revelations of 2012 Beyond Faith. La parte 1 se titula Encontrar a Dios en un mundo caótico.
Autor: El Profeta de la Vida

Las mejores citas espirituales: Este libro está lleno de algunas de las citas más populares sobre Temas Espirituales atribuidos a El Profeta de la Vida. Se incluyen citas de fe, misericordia, lecciones de vida, humanidad y espiritualidad. Debes encontrar que son profundos, estimulantes e inspiradores. Está lleno de muchas páginas de citas que se pueden leer y copiar para uso personal. **Autor: El Profeta de la Vida**

Libros de ficción

• **Rebanadas de Vida 1:** es una colección de cuentos humorísticos sobre la vida. La mayoría de ellos son de los miembros de la familia y del matrimonio. De cónyuges inteligentes, los niños pequeños inteligentes, de chicos tratando de impresionar a sus amigos, de leyes tratando de dominar la tecnología de cada historia es como un pequeño trozo de vida, pero en conjunto, forman un pastel irresistible. Siéntese a tomar una taza de café y disfrutar de algunas rebanadas de Vida. **Autor: Mark Wilkins ASIN: B01BBBZUL0**

Rebanadas de Vida 2 : Esta secuela de Rebanadas de la Vida tiene historias más humorísticas sobre los ricos, los pobres y la clase media. Incluso tiene una historia sobre una de sus mascotas. La ignorancia es el tema principal de este libro, la ignorancia que tiene consecuencias que a veces son tocantes pero siempre humorísticas. ¡Así que prepare un poco de café o té, siéntese, relájese y disfrute de otro lote satisfactorio de Rebanadas de la Vida, porque, antes de que usted lo sepa, lo habrá devorado todo en un momento!**Autor: Mark Wilkins ASIN: B06XKP5C66**

- **Historias Escandalosas 1**: Este libro está lleno de artículos humorísticos poco convencionales e irreverentes. Todos ellos son ficticios y muchos de ellos completamente escandalosos. Nadie está a salvo de que se burlen de ellos terroristas, Presidentes, Dictadores, El Negocio de Peliculas y Música o Juegos Oympicos de Flojos. Si tienes edad universitaria o tienes un sentido del humor extravagante e irreverente, ¡este libro es para ti! **Autor : Mark Wilkins ASIN: B07D1RH9W3**

- **Historias Escandalosas 2** Este libro está lleno de artículos humorísticos poco convencionales e irreverentes. Todos ellos son ficticios y muchos de ellos completamente escandalosos. Nadie está a salvo de que se burlen: terroristas, policia, criminales, El Negocio de Peliculas y Música, la profession medico, tradiciones, Si tienes edad universitaria o tienes un sentido del humor extravagante e irreverente, ¡este libro es para ti! **Autor : Mark Wilkins ASIN:**

Karma: Karma es la historia de un hombre que esta entre dos culturas diferentes, y se opone a la vida opuesta que compiten por su atención. Sus conflictos y luchas son eclipsados por fuerzas cósmicas que él no puede entender. El karma proporciona una visión de las luchas y los conflictos que todos enfrentamos. **Autor: Mark Wilkins. ASIN: B072Z6L36V**

El valor de una semana de ficcion 1: Gente en el Filo del Borde En el volumen 1 del valor de una semana de ficción te encontrarás con gente en los bordes de la sociedad. Un guardia de seguridad que lucha y tiene una mujer moribunda, un anciano cuyo fin es que muera en el bosque, una mujer luchando por capturar un romance antes de que su belleza se desvanezca y otro luchando con el cáncer. Te encontrarás con un niño pequeño que aterroriza a la gente en una tienda de comestibles, un adolescente buscando amor y un pequeño empresario que lucha contra un monopolio. Si quieres historias de ficción que nunca te olvidaras sólo necesita contar hasta 7. **Autor: Mark Wilkins ASIN: B06XVD21PM**

El valor de una semana de ficcion 2: Historias de Ciencia Ficción En el volumen 2 del valor de una ficción una semana incluye historias de ciencia ficción. Dentro de sus páginas usted encontrará historias de una chica que tiene la cura para una enfermedad mortal, una mujer en una cita con una enfermedad psicosomática llamada profecía, pollo robot, una mosca sobrenatural, una proyección astral, un maestro en un nuevo trabajo donde todo no es lo que parece y un mundo futurista donde la economía sólo es trueque. Si quiere historias de ciencia ficción que nunca olvidara solo es necesario contar hasta 7. **Autor: Mark Wilkins ASIN: B071GCYFK6**

El valor de una semana de ficcion 3: **Muchas caras de la violencia** En el volumen 3 del valor de una semana de ficción, incluye muchas caras de la violencia, historias de ficción de las 7 todas exploran la violencia desde diferentes ángulos, una historia mira lo que pasa por la mente de un terrorista sobre explotarse a si mismo, otro mira un a un ejecutivo teniendo en cuenta el suicidio, las parcelas de otras historias incluyen un, hombre tratando de burlar a un robacoches armado, un alguacil de aviones tratando de averiguar quién es el terrorista, un soldado que se da cuenta que una persona en su pelotón es un asesino en serie, un ex convicto

que tiene que decidir si debe usar la violencia para combatir el mal y un hombre que se convierte en un héroe a través de violencia indescriptible, si quieres historias violentas que nunca olvidara, basta contar hasta 7.
Autor: Mark Wilkins ASIN: B072K6J9HN

El valor de una semana de ficcion 4:
Realizaciones En el volumen 4 del valor de una semana ficción, es de realizaciones, conocerá a personas de diversas procedencias que llegan a realizaciones importantes. Se encontrará con un Doctor que llega a una realización sobre la vejez, un político que lucha por ser su propio ser, un hombre rico que llega a una epifanía después de un encuentro casual en una tienda, un granjero que necesita ayuda, un chico que lucha con un nuevo celular que parece intervenido, una nadadora que se beneficia de su rutina de todas las mañanas y un agente de policía que desarrolla empatía para un peligrosos gánster. Si desea leer historias ficticias que nunca te olvidara sólo necesita contar hasta 7.
Autor: Mark Wilkins ASIN: B071JVQQ96

Historias de lo sobrenatural 1: Un libro de la serie Narrador Volumen 1Fantasmas, criaturas demoníacas, y la muerte. Esta colección de historias cortas lo perseguirá y entretendrá. Ya sea la malvada historia clásica de un trozo de carbón o el capricho de un fantasma en la casa esta colección de cuentos y poemas perseguirá y entretendrá
Autor: Mark Wilkins ASIN: B01MA12YXY

Historias de lo Sobrenatural 2
En esta secuela de Historias de lo Sobrenatural hay más fantasmas, criaturas demoníacas y la muerte. Esta colección de relatos cortos centra de fantasmas y monstruos. Dentro de sus páginas te maravillarás con las hazañas de El Coleccionista de Almas, temblará ante la mención del temido Bungadun o el El Infierno Banger y montarás los rieles en el tren fantasma. Correa en sus cinturones de seguridad, va a ser un viaje accidentado! **Autor Mark Wilkins ASIN: B01M4FXDL1**

Libros de poemas y Citas

¡Vidas románticas!

¡Vidas románticas! es una colección muy especial de poemas de amor románticos. Los poemas están organizados para seguir el arco de un romance desde sus etapas tempranas de un amor joven través de sus dulces seducciones y la dichosa sabiduría del amor maduro. Si estás buscando romance en tu relación amorosa o simplemente quieres una lectura romántica alegre y perspicaz, este libro es para ti.

Cada Lirica Cuenta una Historia

Una colección de letras de canciones únicas que cuentan historias impactantes sobre las personas, sus vidas, sus esperanzas y sus sueños. Puedes encontrarte a ti mismo y a las personas que conoces en muchos de ellos.

Citas por cositas general
Este breve libro está lleno de algunas de las citas más populares sobre temas generales atribuidos a El Profeta de la Vida. El libro incluye citas sobre temas como la vida, el amor, la felicidad, el crimen y el castigo, el bienestar e incluye muchas de las citas cómicas atribuidas a El Profeta de la Vida. Encontrará el ingenio y la sabiduría en sus páginas sugerentes e inspiradoras. Está lleno de docenas de excelentes citas sobre diversos temas que uno puede leer y copiar para uso personal. **Autor: El Profeta de la Vida**

Libros para niños

Historias clásicas para niños, Que usted probablemente nunca oído Volumen 1: Ya se trate de las aventuras de un pollo que habla, la balada de un hombre peludo, una historia sobre un tipo que tiene gusanos como amigos o una historia infantil clásica actualizada y contada con un giro diferente este conjunto de historias infantiles entretendrán a los niños envejecidos en su familia. **Autor: Dr. Ganso ASIN: B01NAF8QNU**

Historias clásicas de niños, que nunca has escuchado Volumen 2: Esta secuela le da más clásicos desconocidos. El libro da a conocer nuevos personajes como un pequeño pollo cuya vida es similar a la de una persona y una balada sobre un hombre peludo. Hay una historia sobre un príncipe cuya negativa causa un incidente internacional. Incluso hay una versión actualizada de la historia de los niños clásicos que todos conocemos desde puntos de vista de diferentes personajes. **Autor: Dr. Ganso ASIN:**

Niños de la escuela Volumen 1: Seis historias divertidas sobre niños que son más inteligentes para su edad. Dentro de sus páginas se encontrará con un chico cuyo vocabulario es mejor que los adultos de su escuela, un niño que se escapa de una nalgada, un niño que recibe un teléfono celular nuevo con un problema y un hermano y una hermana que aprenden cómo deshacerse de la basura de una tía vieja .Recomendado para niños de 12 a 16 años. **Autor: Mark Wilkins ASIN:** B078JMR7ZB

Niños de la escuela Volumen 2: 9 historias sobre niños que están en la escuela secundaria. Dentro de sus páginas se encontrará con un grupo de niños que se involucran en una guerra de huevos podridos, una niña que no existe, y un niño que envía a un amigo en una cita con su hermana. Recomendado para niños de 14 a 18 años. **Autor: Mark Wilkins ASIN:**

Primer libro de pequeñas fábulas estúpidas: Si la codicia de mooches, los ladrones del almuerzo, los niños sádicos, o las historias extrañas sobre animales domésticos esta primera parte en la serie de historias humor irreverente con la entrega de conclusiones retorcidas sobre el egoísta y el codicioso. Incluso tiene unos pequeños dibujos estúpidos! Para los jóvenes. **Autor: Dr. Ganso ASIN:**

Segundo libro de pequeñas fábulas estúpidas: Ya se trata de abuelas bien intencionadas pero incompetentes, de mujeres egoístas, de niños sádicos o de locos en los centros comerciales, esta segunda parte de episodios de la serie de historias irreverentemente humorísticas que ofrece terminaciones retorcidas sobre los egoístas y los codiciosos. Incluso tiene los dibujos a los que te gusta hacer burla de igual que la primera! Para los menores. **Autor: Dr. Ganso ASIN:** B0755YK6NH

Libros En Papel

La trilogía de la fe En este volumen repleto, de pensamientos espirituales e inspiradores el autor y un líder de pensamos espiritu, el profeta de la vida comparte su fe, inspiracion y citas sobre dios, Este Trilogía de Fe incluye tres libros llenos de fe: Lo que la fe me ha enseñado, las mejores citas sobre Dios e inspiración para todos: escritos inspirados seleccionados. **Autor: El Profeta de la Vida ISBN-13: 978-1936462520**

Rebanadas de Vida Rebanadas de la Vida tiene historias más humorísticas sobre los ricos, los pobres y la clase media. Incluso tiene una historia sobre una de sus mascotas. La ignorancia es el tema principal de este libro, la ignorancia que tiene consecuencias que a veces son tocantes pero siempre humorísticas. ¡Así que prepare un poco de café o té, siéntese, relájese y disfrute de otro lote satisfactorio de Rebanadas de la Vida, porque, antes de que usted lo sepa, lo habrá devorado todo en un momento! **Autor: Mark Wilkins ISBN-10: 193646246X   ISBN-13: 978-1936462469**

Historia Sobrenaturales Fantasmas, criaturas demoníacas, y la muerte. Esta colección de historias cortas lo perseguirá y entretendrá. Ya sea la malvada historia clásica de un trozo de carbón o el capricho de un fantasma en la casa, de El Coleccionista de Almas, temblará ante la mención del temido Bungadun o el El Infierno Banger y montarás los rieles en el tren fantasma. esta colección de cuentos y poemas perseguirá y entretendrá. Correa en sus cinturones de seguridad, va a ser un viaje accidentado! **Autor: Mark Wilkins ISBN-10: 1936462575 ISBN-13: 978-1936462575**

- Confesiones de Escuelas Publicas: Frente a la Batalla de la Educación Pública Confesiones de Escuelas Publicas es una seria de historias verdaderas de las líneas del frente de la educación pública. Entre las paginas usted va a conocer personajes peculiares, unos malos otros buenos con mucho café encima. Algunos de ellos son maestros, algunos estudiantes, y algunos administradores. Algunos les harán reír, otros los harán llorar pero ellos juegan un papel muy importante en la educación pública. Sus historias están escritas de una manera de entretenimiento y le dará algo en que pensar. **Autor: Mark Wilkins ISBN-10: 1936462060 ISBN-13: 978-1936462063**

Controversias! ¿Qué Caitlyn Jenner, Donald Trump, una cura para el SIDA, los hackers chinos, Adolf Hitler y el calentamiento global tienen en común? Todos ellos están en el centro de una controversia y hay historias sobre ellos en este libro único que Voltea a las titulares de los tabloides de adentro hacia afuera. **Autor: El Profeta de la Vida.**

El valor de una semana de los volúmenes de ficción 1 y 2

Una semana de ficción, edición en rústica
Si se trata de un hombre que se convierte en héroe a través de la violencia indescriptible, una adolescente luchando contra una corporación sobre los derechos a su sangre, o la lucha de vida y muerte en un coche carjacked esta colección de Volúmenes 1 y 2 de Una Semana de Ficción le da 7 Más historias que te emocionarán, te sorprenderán y te harán pensar. A menudo distópica ya veces surrealista, si quieres historias que nunca olvidarás, solo necesitas contar hasta 7 y puedes hacerlo dos veces en esta edición especial de bolsillo. **Autor: Mark Wilkins**

El valor de una semana de los volúmenes de ficción 3 y 4

Ya se trate de una mujer tratando de encontrar el amor antes de que su apariencia se desvanezca, un mariscal luchando contra el racismo, un ex convicto tratando de mejorar su vida, un soldado tratando de resolver un misterio, un indígena tratando de ir en contra de la discriminación en contra de la edad, esta colección de volumenes 3 y 4 de una semana de valor de la ficción le da 7 historias más en cada uno que le darán emoción, sorpresa y lo harán pensar. A menudo son distó pica y a veces surrealista, si quieres historias que nunca olvidarás, solo necesitas contar hasta 7 y puedes hacerlo dos veces en estas ediciones especiales de bolsillo. **Autor: Mark Wilkins**

www.ingramcontent.com/pod-product-compliance
Lightning Source LLC
Chambersburg PA
CBHW051647040426
42446CB00009B/1014